August Freudenthal

Heidekkern

Düt un dat in Noordhannöversch platt

August Freudenthal

Heidekkern
Düt un dat in Noordhannöversch platt

ISBN/EAN: 9783743392441

Hergestellt in Europa, USA, Kanada, Australien, Japan

Cover: Foto ©ninafisch / pixelio.de

Weitere Bücher finden Sie auf **www.hansebooks.com**

Heidekkern.

Düt un Dat

in

Noordhannöversch Platt.

Von

August Freudenthal.

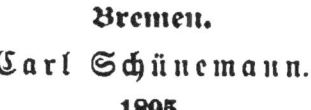

Bremen.
Carl Schünemann.
1895.

Für mich ist die niedersächsische Sprache unter allen deutschen Mundarten in der Wahl und Aussprache der Töne die sanfteste, wohlklingendste, gefälligste und angenehmste. Sie ist eine Feindin aller hauchenden, zischenden und blasenden Laute. Sie verachtet den unnützen Aufwand eines vollen, mit vielen hochtönenden Lauten wenig sagenden Wundes, ist dagegen reich an einer kernhaften Kürze, an lebhaften, treffenden Ausdrücken und naiven Bildern. Es fehlt ihr weiter nichts, als eine sorgfältige, verständige Cultur, um sie zur reichsten, angenehmsten und blühendsten Sprache zu machen.

Gottfr. Aug. Bürger.

Dörwoord.

Wer en Book schriewen will, be nutt dar of en
Namen för söken, un den richtigen to finnen, dat maakt
so'n Böekerschriewer mannigmal Koppbräken. Wenn
bar mal Eener seggt hett, datt be Naam von so'n Book
nicks verraben schall von bat, wat bar eegentlich in to
lesen steiht, so is bat jo ganz nett; so'n Böekergesicht
is benn en Rätsel un ben Böekerleser maakt. dat villicht
Spaß, to raben, wat be Nam' to bebüben hett, be em
gliek up be erste Sieb so bick un breet in be Ogen
prallt. To swar schall man awer be Minschen so'n
Rätsel of nich maken, süs weerd se upsternatsch un
willt benn saken von bat ganze Book nicks wäten.

So will ick mi benn hier in be Börreeb of glieks
verbeffenbeeren, woso ick bütt lütte Book up ben
Namen „Heibekkern" böwt hew. De Heibekker is en
ütte fiene Bloom, be öwerall, up be magerste Heibe

un Drifft, in Busch un Braak foortkummt un so slicht un eenfach utsüht, dat bar so licht nüms, de ehr nich nöger kennt, up achten ward. Un doch is de lütte Bloom slank un maneerlich upschaten, un wer ehr mal ins nöger in dat fründliche goldgäle Gesicht kiekt, den ward se doch gefallen. Wer awer sübber noch wies ward, datt se in'r Eerd en dicke knullige Wörtel hett, de för Allerlei goob is, de von Doctor, Afteeker un Farwer söcht ward un en goben Magen= brüppen lewert, de ward togewen, datt de Heidekker woll verbeent, datt man se kennen lehrt. Potentilla tormentilla, of Tormentilla erecta nömt ehr de Ge= lehrten. Den plattbütschen Namen hett se woll dar her, datt se up de Heide väl vörkummt un datt de Wörteln, wenn se noch nich to ohld un to lang worrn sünd, utseht, as son brune Ekkern, wenn man dar de glatte Schaal afpellt hett. Slicht, eenfach, un doch fründlich, gesund un kräftig as use ohle Sassenspraak, de of in de Heide am besten foortkummt, verbeent de Heidekker woll, datt wi Plattbütschen ehren Namen in Ehren hoolt.

Wat min lütt Book anlangt, so harr ick geern de ohle kräftige Schriewart nahmen, wie se de gobe Hoffmann vun Fallersleben un annere kloke Lüe för dat Plattbütsche inföhrt hebben wolln. Man ick dach, datt ick doch nich för gelehrte Lüe, sünnern för min

Landslüc in Dörp un Stadt schriewen woll, un so
hew ick mi anners besunnen. So wied dat awer an=
güng, hew ick mi vör dat Ümsliffen un Insliffen von
hochdütsche Wöer to wahren söcht; ick hool dat mit den
ohlen Arend Warmund, de in sin „Sassische Döneken=
Book" von 1829 schriewen heißt:

> „It dait wärklich nôd, usen ôlden Sassishen
> Sün- un hilgedages-rok eins ût to börsten un
> to kloppen, dewile it nog tyd is, êr ön de
> mutten, de de Hôgdüdeshe aldages-rok darin
> ebragt hävt, hêl un gans upfräten."

Dat is mi ut'n Harten schräwen, awer an de „rigts-
shrivung" von den ohlen Spaßmaker, de ok to en
paar von de lustigen „döneken" in düssen Book
Gevadder stahn hett, hew ick mi nich holen künnt. För
us Plattdütschschriewers is hüte, wo se use ohle Sassen=
spraak von allen Sieden an den Kragen willt, dat
säkerste, datt wi se use Landslüe so torecht leggen un
anpassen doht, as jüm na dat Hochdütsche in School
un Kerken de Tungen steiht. Dat geiht nich goob
anners, wenn plattdütsche Böker in use Tied noch
Frünne un Leser finnen willt.

Da elkeen Kaspel, Karkspill un Kerkspell in us ohl
Sassenland noch sinen besunneren Tungenslag hett, so
will ick hier foorts anmarken, datt min Platt so tämlich
twüschen Lünebörgsch un Bremsch de Midde hölt un

woll in ganz Noordhannoverland, Oldenborg, Bremen, Hamborg, Holsteen, Lüneborg un Meckelnborg verstahn ward. Datt ick en paar schöne Geschichten un Gedichten, trurige un lustige, ut dat Holländsche un Norwegsche in use Modersprak röwer haalt hew, dat ward mi woll Nüms öwel nehmen.

Achim, Harwst 1894.

August Freudenthal.

Inholt.

	Seite
Vörwoord *v*.	III
„Platt nömt se bi, us Moberfpraal!" *v. Gedicht*	1

I.

Up wiede Heibe. *v*.

I. „O schöne Tied, o sel'ge Tied. *v. Gedicht*	3
II. „Alleen!" *v. Gedicht*	4
Neejahrsnacht	5
Düwelsbrüppen	18
De Her. (Na A. Smit.)	27
Ilse. (Na Alexander Kiellanb.)	36
To rechter Tied. *v*.	45
Benjamin. (Na P. A. de Genestet.) *Gedicht*	50

II.

Dat Düwelsbeert. (Na Lyra.) *Gedicht*	53
De Regulater up Reisen	55
Siend's kahr, Toffel? *v*	66
De erste Reis' na'r Stabt. (Na Lyra.)	71
Jan Balster un bat Spöel	80
De Bullenbieter *v*	90
Meister Stuckensmebs Sängerfahrt	96
De Nothböep. *v. Gedicht*	109

Platt nömt se di, min Moderspraak,
Gemeen willt se di schell'n;
Man blot in Heide, Busch un Braak
Laat' se tor Noth di gell'n.

Wo geern doch harr'n se di verbannt!
Doch laat jüm draun un giss'n:
Wi von de Elw- un Weserkant
Könnt di noch lang'n nich miss'n!

Ohl ehrenfaste Sassenspraak,
Schast us nich nahmen weern!
As Hartensspraak, as hillige Saak
Holt wi di hoch in Ehr'n!

I.

— Up wiede Heide.

— I. O schöne Tied!

Dat wör en Sönndag hell un klar,
En Sönndag, wie nich väl in't Jahr.
Wi Beiden güngen dör dat Koorn,
Dör Wisch un Holt, dör Busch un Doorn.
De Leerk de süng, de Sünn de schien,
As woll dat ewig Sönndag sien. —
   O schöne Tied, o selige Tied,
    Wo liggst du feern, wo liggst du wied!

Wi güngen langsam, Arm in Arm,
Dat Hart so vull, dat Hart so warm.
Din blauen Ogen, söte Deern,
De lüchden as twee helle Steern,
De lüchden in dat Harte min
Wied schöner as de Sünnenschien!
   O schöne Tied, o selige Tied,
    Wo liggst du feern, wo liggst du wied!

De Heide wör so still ümher, —
Da höl sick Hart un Hand nich mehr.
Ick küß Di up den Mund so rood
Un fróg Di lies: „Bist Du mi good?"
Da seegst Du mi so eegen an:
„Dat weest nich mal, Du böse Mann?" —
O schöne Tied, o selige Tied,
Wo liggst du feern, wo liggst du wied!

II. Alleen.

Up wiede Heide so ganz alleen,
Wenn baben blinkern de Steern,
p in be Ogen Di sehn,
Di küßt un drückt, min Deern!

Up wiede Heide so ganz alleen,
Woll ünnern Machannelboom,
Da wören wi sicher, da stör us nich Een
In usen seligen Droom.

Up wiede Heide so ganz alleen —
Wo loppt be Tied vörbi! —
Du liggst nu lang'n ünnern Kerkhofssteen,
Un ick, ick ween üm Di!*)

*) Aus „Gedichte von August Freudenthal" (2. vermehrte Auf-
lage, Verlag von Carl Schünemann in Bremen). Beide Lieder wurden von
Carl Götze († 1886 in Magdeburg) componirt; namentlich das erstere ist
mit dem hochdeutschen Text des Verfassers weit bekannt und ins Englische,
Schwedische, Dänische, Russische und Holländische übersetzt worden.

Neejahrsnacht.

Dat wör Ohlenjahrsabend. Buten wör't kold, isig kold, en Frostwäer, wie man't sied Jahren nich mehr belewt harr. Wenn een von de Dörpslüd neeschierig ut de Döhr keek, üm mal na Wind und Wäer to sehn, so sneed em de Störm wie mit Messern dör dat Gesicht, so dat he slünig de Näs wedder in't Döhrlock trüggtröck. As en groot witt Laken leeg de Snee öwer dat Land; de Böem seegen ut, as wenn se de Maler witt ansträken harr, un wenn de Wind dör ehre nakten Twigen blas, so wör dat nett, as stöhnben un bäwerden se vör Küll. De Maand keek mit sin ohl goodmödig Gesicht mitleebig un fründlich up de Erd rünner un leet den Snee glitern un blinkern as en Speigel. Sin Licht beschien ok dat lütte Huus von Klaas Franken, dat dicht an de Straaten leeg, en lütte Streck buten Dörps nut. Dar binnen wör dat bäter und molliger as buten, un wo nett dat Allens utseeg! Ja, daför schöll Klaas sin Greeten woll sorgen, de lütte frische und flibige Froo. Dat Geschirr un de Schilbereen an de Wän'n wör so blank, dat man sick bar in speigeln könn', un de Footbobben wör so glatt un sauber, dat man dar woll harr von äten möcht. Un doch harr Greet ehre twee Kinner un keen Lüttmagd; Allens leeg alleen up ehre Schüllern. Ja, Klaas harr woll Recht un Ursaak, up sin Greeten stolz to sien.

In'n Aben flukker en lustig Füer von Torf un Busch=
wark, un dicht darbi, mit de Föet up dat warme Aben=
brett, seet Klaas mit lütt Beta, sin jüngste Kind. Tenst=
öwer von em, an de annere Siet von ben Disch, mit de
blanke kopperne Oellamp darup, seet Greet mit ehr Neih=
wark. Se wör flink un brall bi de Arbeit, awer se fünn
doch Tied noog, üm dann un wann mal uptokieken un
en fründlich Woort mit Klaas to wesseln, ober de lütte
Beta un ben grallen Peter, ehren Oelsten, ins fründlich
totolachen. Peter spälde up ben Footbobben mit sin
hübsch Fiefgroschenspärd, wat he to'n Wiehnachten
krägen harr, un womit he nu von de een Wand na de
annere führde, von't Dörp na de Stadt, un von de Stadt
in'n Handumbreihn wedber na't Dörp, un wenn he damit
fertig wör, so füng he wedber de Reis' von vören an.

Awer Peter wör nich de Eenzige, de Leben in de
Stuw bröcht. Lütt Beetje up Vader sinen Schoot kreihde
unb juchde vör Pläsir; se slög mit de finen Patschen üm
sik un strampel mit de lütten Been, bat Klaas sin leewe
Last harr, üm ehr fast to holen. Aber Klaas lachde
unb juchde noch väl buller as dat lütte Göer, dat he up
sin Knee banzen un springen leet, so dat Greet woll
Recht harr, von Tied to Tied to mahnen: „Klaas, Klaas,
wäs doch vorsichtig, datt dat Kind nich fallen deiht.“
Aber da schöll Klaas woll all sülwst för sorgen; he wör
ja old noog darto worrn.

„Kiek ins, Greet, dar hett dat lütte Ding mi war=
raftig ben Hoot von'n Kopp halt! Man schöll gar nich
glöwen, wat so'n Göer för Kraft hett.“ Un Klaas lachde,
batt em de Thranen öwer de Backen löpen, un Beetje
kreihde un kriesche noch eenmal so bull un leet den Hoot
up de Eer fallen.

Greet harr ehr Arbeit för en Ogenblick in ben Schoot
leggt, un en glückseligen Schien slög öwer ehr frisch
Gesicht, as se de Beiden bar so tosamen spelen seeg.
Se dachde an de beiden letzten Ohlenjahrsabenden; —

da seet se alleen mit ehr öllste Kind un se harr nich väl
wat anners dahn, as still vör sick hen weent . . . Awer
dar woll se doch hüte nich mehr an denken, denn nu wör
ja Allens goot, un vergnögt könn se in dat nee Jahr
nöwer sehn.

Lütt Peter wör mibben up de Reis' von be Stadt
na dat Dörp mit sin Pärd stahn bläwen, as he sinen
Vader so lut öwer lütt Beetje lachen hör. Nu güng dat
jo nich anners, as dat Vader ok öwer em lachen schöll,
un in ben nögsten Ogenblick harr he Vaders Hoot up=
sett', de em bet up be Näs bahl hüng, un nu schree he
as en Marktverköper: „Kiekt ins, ick bin Vader! Ick
bin Vader!"

„Süh doch ben lütten Aap an," sä Klaas lachend.
„Wullt Du mi woll glieks ben Hoot wedder gewen, Du
lütte Sünte=Klaus! — So, dat is braw von Di, min
Jung! Wat is't doch noch förn Dag morgen, Peter?"

„Neejahr, Vader! Un benn krieg ick uk man en
Krintenstuten von min Mober!"

„Och Junge, dat is doch woll nich wahr?"

„Jawoll min Jung, dat Krintenbotterbrod is bi ge=
wiß," lachde Greet, as lütt Peter en bäten suur un be=
benklich utkiek. „Aber nu mußt du uk bitiebs to Bett
gahn, min söte Jung!"

„Och Froo," sä Klaas, „laat ben Jungen man noch
en bäten spälen, dat is jo man eenmal Ohlenjahrsabend
in't Jahr." „Halloh Peter, lang mi ins en Torskluten
her, wi willt dat Füer in'n Aben noch en bäten wedder
upstüren!" Geseggt, gebahn! Peter släp ben gröttsten
Torssoben ran, ben hee sinnen könn, un Klaas schöw
em in'n Aben.

„Sühst Du nu woll, beste Mann, datt dat hier bi uns
väl bäter is, as dar günt hen in'n Weerthshuus?" sä
Greet, un darbi seeg se ehren Mann so fründlich an, dat
em dat Hart upgahn mößde.

„Ja Froo," sä he, nahdem he ehr en Tied lang in de leewen Ogen sehn harr, „ja Froo, dar hest Du Recht. Un in'n Grunne geseggt, bin ick väl leewer hier bi di un de Kinner. Man to Tieds dar bin ick so'n wunnerlichen Minschen, denn is't as wenn ick sülwst nicks öwer mi to seggen harr un as wenn Jedereen mit mi anfangen könn, wat he will. Aber leewe Froo, dat will ick Di heilig versprälen, dat schall von hüte af anners weern! — — Hör ins, da ward an de Döhr kloppt, wer schöll dat woll noch sien?"

„Blief man sitten, ick will ins nasehn," sä Greet und güng up de Dähl. De Stuwendör leet se vörstahn, üm buten sehn to können. En isig kolen Wind weihde ehr entgegen un en grawe, brummige Stimm frög: „Is Klaas to Huus, Froo Franken?"

Kuum harr Klaas düsse Stimm hört, so sett he lütt Beetje gau in ehren lütten Fallstohl un maak en Gesicht, as wenn em wat in de Quer kamen wör. Dat Kind füng nu up eenmal jämmerlich an to weenen, wiel keen Minsch mehr mit em rümspälde. Peter leet sin Pärd midden in de Stuw stahn un löp sin Moder entgegen, de nu mit den Fent in de Stuw köm, de na Klaas fragt harr. Dat wör, as wenn Lust un Fräden mit eenmal ut be Döns fortslagen wör, as Jan Toom den Foot up be Swell sett' harr.

Toom lachde, höhnsch as be Düwel, wenn he en arme Seel twüschen de Klauen hett. „Süh, ick harr doch dachd, dat Du Din Versprälen holen harrst un in den Kroog kamen wörst up Ohlenjahrsabend! Du bist würklich en netten Woortholer, bat mut ick seggen, en netten Fent!"

Klaas sä nicks. He kiek vör sick dahl un leet sin Dumen Kriegen spälen, erst snell, denn langsam, denn ins von buten na binnen un denn webber ins von binnen na buten rüm.

Greet wör be erste, de to Woord köm. „Woord ist en Woord," sä se mit bebende Stimm, „Klaas hett mi

faſt verſpraken, dat he hüt Abend to Huus bliewen will.
Bäter wör't, Ji güngen ok na Huus to joe Froo, ſo as
ſick dat gehört!"

Toom awer füng nu luthals an to lachen, un lachde
ſo dull, dat he bi'n Aben up en Stohl dalfüll. As he
damit fertig wör, füng he ſin korte Piep an to ſtoppen,
un jedesmal, wenn he den Taback mit ſinen Dumen dal=
ſtopp, gruflachte he Klaaſen an, un höhnſch röp he em
to: „Uenner den Dumen, ünner den Dumen!"

Upt letzte, as he ſin Piep anſtäken harr un Klaas em
noch ümmer keen Antwort geew, ſtünn he up un lä ſin
ſware Fuſt up Klaas ſin Schuller.

„Weeſt Du woll, Klaas, wat ſe von Di ſeggt, dar
günt henn in den „Witten Löwen?"

Klaas geew keen Antwoord, aber ſin Dumen löpen
achter enanner her, as wenn ſe verrückt wören.

„Wenn Du't nich weeſt, denn will ick Di dat vertellen,
Klaas Franken! Jos Buur ſä: Klaas kummt ok hüt
Abend, nich wahr? Ja, geew ick tor Antwoord, he
kummt ok, un morgen makt he ok de Släenfahrt mit.
Aber as dat acht Uhr worrn un noch keen Klaas to ſehn
wör, ſä Kriſchan: Seht Ji woll, he kummt doch nich,
ſin Froo holt em ünner de Tüffeln! Ne, ſä ick, dat is
nich wahr! Un dat is doch ſo, ſä Jos Buur, wat willt
Ji wetten? Un nu wörr wett' un ick bin losgahn, üm
mi mal na Di ümtoſehn. Ja, ſe hebbt doch Recht hatt
de Annern, un wo willt ſe lachen, wenn ick jüm dat
vertell, nich wahr Klaas? Ünner den Dumen, Klaas
Franken, ünner den Dumen!" — Un darbi ſett he ſinen
Dumen ſo hart up den Diſch, dat de bäwen däh un de
Lamp hen un her flög.

Dat ſchöllt ſe nich von mi vertellen," röp Klaas, „ick
gah mit! Segg mi gar nicks Greeten, ick gah blot mit,
um jüm Allen to ſeggen, dat ſe leegt! In'n Ogenblick
bin ick webber hier!"

„Och Klaas," fä Greet, un se bäwde un de Thranen stünnen ehr in de Ogen, „lat jüm doch leewer seggen, wat se witt, wi wät't jo bäter, wat wi uns fünd! Üm Gobbswillen blief hier, denn wenn Du'r erst mal bist, denkst Du doch nich mehr an't to Huus gahn! Wullt Du webber dat Jahr so trurig utgahn laten?"

„Gewiß Greet, ganz gewiß schast Du sehn, dat ick trügg kaam. Mak nich so'n trurig Gesicht; in'n halwe Stünn, wenn ick jüm örnlich de Wahrheit seggd hew, bin ick webber hier."

Mit düsse Wöer güng Klaas achter Toom ut de Döhr, un noch lange hör Greet dat höhnsche Lachen von Jan Toom, un dat klüng ehr in de Ohren, as wör't ehr Dobengesang.

„Moder," frög lütt Peter, de webber to Dage köm, as Toom mit Klaasen foort gahn wör, „Moder, schöll Baber woll webber so dohn, wenn he to Huus kümmt, as körtens, un mi un lütt Beetje bang maken un ut de Bebben halen?"

Greet wüß nich, wat se seggen schöll. De Thranen kömen ehr noch eenmal so dull in de Ogen as tovöern. Se wüß to good, wo Klaas sick lesthenn anstellt harr, wo he sungen harr as en vageligen Minschen, de Kinner upstört un ängstigt harr, dat se luut ut schreeden un sick verstäken harn — vör ehren eegenen Baber.

„Moder," füng Peter webber an, „worüm is Baber weggahn? Gefällt em dat nich hier bi uns?"

„Och Junge, wo kannst Du dat woll seggen! Baber hett noch wat Wichtigs to bespräken un kummt gliek webber. Aber kamt her Kinner, ick will jo to Bebb bringen."

„Aber Du bist trurig, Moder! Du heft Baber sülwst beben, he schöll to Huus bliwen, un as he weg wör, heft Du seggt, dat he uns noch arm maken wörrd. Mutt ick denn ok bädeln gahn, Moder, wie de lütte Jung, de hier nülich üm en Stück Brod bibb. De fä ok, dat he arm wör?"

„Nee, min Jung, Moder schall woll sorgen, dat ji
nich üm en Stück Brod bäbeln to gahn bruukt, dar wäs
man nich bang vör!" — Un Greet nöhm den lütten
Keerl fast in de Arm un küß em up sin frischen roden
Backen . . . Ehr Jung bäbeln, ehr lütte leewe Peter
mit bloote Föet von Döhr to Döhr lopen — ne, dar schöll
doch Gott för sorgen, datt dat nich so wied kamen möß. —

Peter frag nich mehr. He verstünn nich mal, wat
he mit sin Fragen de Moder för Kummer maakt harr.
Bald naher leggde Moder em in sin Bett, un nadem
he bäet harr:

„Lieber Gott, mach mich fromm,
Daß ich zu dir in den Himmel komm" —

füll he gau in'n Slaap. Lütt Beetje wör ok bald ut=
tagen un in de Weegen leggt, un de junge Froo seet nu
moderseelenalleen in de Stuw, de en halwe Stünn'
vörher noch so fründlich wör, wo so fröhliche Stimmen
klüngen un Allens utseeg na Lust un Glückseligkeit.
Nu awer wör dat so still, dat man woll en Blatt harr
fallen hören könnt.

Greet harr ehr Neihwark wedder to'r Hand nahmen,
aber de Arbeit güng ehr nich mehr so von'r Hand as
vörhen, un alle Ogenblick füllb'er en Thranen up. De
ganzen söß Jahr, siet se mit Klaas vör den Altar stahn
harr, kömen ehr wedder in den Sinn. Dar wör nich
ümmer lustige Tied wesen in de langen Jahren, gewiß
nich, un Väl harr se sick doch ganz anners dacht, as
dat kamen wör.

Se dach daran, wie se noch bi ehre Oellern leew,
de so väl von ehr holen harrn, wiel se dat eenzige Kind
wör. Se harr dat damals so good hatt un keenen Ge=
danken hägd, dat ehr dat noch mal ins minner good gahn
könn. Un as se Klaas kennen lehrt harr, wo harr ehr
goode Vader ehr wahrschoot, dat se em nich nehmen
schöll. Aber se höel so väl von em un könn nich von

em laten, un toleßt harrn denn uk be Oellern ehr In=
willigung nich verseggen könnt. Ja, Klaas brünk, dat
wüß se, aber Quad' seet nich in den Jungen, jüst sin
Goodheit wör Schuld daran, dat he sick so licht von sin
Frünnen in't Weerthshuus trekken leet un mit jüm den
Buddel tospröek. Aver wenn se erst troot wören, dach
se, denn schöll dat Allens woll annners weern.

In'n Anfang güng ok Allens good; se wör so leew
mit Klaas nn he mit ehr, wie dat man twüschen twee
Ehelüd sin könn. Ehr Oellern öwergeewen Klaas ehre
Hofstäe un wören froh, dat Allens so väl bäter utfüll,
as se löwt harrn un se freiden sick, dat ehre Kinner
dat so good harrn, aber se meenen, dat güng doch noch
en bäten to riewe her in den jungen Huusholt un se rahden
darto, en bäten mehr up be Gröschens to sehn. Wo recht
harren se habb! As be Ohlen na eenigen Jahren storwen
un na den Kerkhof nut dragen wören, da harr dat
junge Paar uk en schöne Handvull Dahlers von jüm
arwt. Dat wüssen nu Klaas sin Frünne, dat heet, nich
be gooden Frünne, sonnern be slechten, un se stellden sick
alle mit ohle Fleiigkeit wedder in. Anfangs woll he nich
mit, aber toleßt harren se em doch so lang tarrt, dat he
wedder mit in't Weerthshuus güng — un von büssen Dag
an wör dat mit dat Huuswesen den Krewtgang gahn. As
he erst wedder den Smack von den leibigen Branntwien
weg harr, da könn he ok dat Drinken nich mehr laten;
dat wör grade, as wenn be Düwel em in den Nacken seet
un em „Kehr in! Kehr in un drink!" toröp, wenn he
an en Weerthshuus vörbi köm. Wat is dar väl to be=
richten! Mit sin Geschäft, — he verköff Botter, Melk
un allerlei Gröenwaaren in be Stadt — güng dat ümmer
wieder trügg, wiel he mehr in be Schenk seet, as sin Acker=
land bearbeide, un kuum wören twee Jahr vöröwer, so
möß Greet mit ansehn, datt be Stäe, up be se geboren
wör un wo se ehr Kindheit verläwt harr, ünner den
Hamer köm un von't Gericht verköfft wörr.

Klaas wör ok ganz krank un moodlos worrn un de Frünne — ja de harrn em blot in't Verdarwen bringen könnt; helpen können se em nich. Greet wör toletzt de Eenzige, de Mood behöll; se harr ehren Mann doch to leew hadd. „Kumm Klaas," säh se, „wi wüllt von Neen anfangen, Du hest noch Din eegene lütte Hofstäe, dar wüllt wi woll up fertig weern un vörwards kamen." Un denn harrn se sik in de lütte Kath dat nett un fründlich inrichd, un Klaas harr mit Lust und Leew arbeiet un Allens wör wedder in'n besten Gang. Siet en halw Jahr harr he keenen Foot mehr in't Weerths= huus sett'. Greet wör so froh wäsen, dat dat Jahr bäter utgahn schöll, as et anfungen harr . . . .

Un nu wör alle Hoffnung wedder hen! Klaas harr an düssen Dag Jan Toom drapen; de harr em wedder in dat Weerthshuus to'n „Witten Löwen" nödigt un em dat Verspräken afnahmen, dat he up'n Abend hen kamen woll. An'n Neejahrsmorgen, dat harren de Beiden sik südder verspraken, wollen se denn mit en paar annere Brannwiensfrünne en Släenfahrt maken. Klaas harr Greeten dat Allens vertellt, un se wör den ganzen Dag de Angst nich los worrn. Abends aber harr he sik doch bewegen laten, to Huus to bliwen un Allens wör wedder good wesen — bet de arge Jan Toom in de Stuw kamen wör un all ehr Hoffnung wedder begrawen harr. Denn dat Klaas so bald wedder na Huus kamen schöll as he seggt harr, dar glöw se nich mehr an — dat wüß se bäter.

Dat wören de Gedanken, de de arme Froo an düssen trurigen Ohlenjahrsabend, de so glücklich anfungen harr, dör den Kopp güngen. Un wedder un wedder löpen ehr de Thranen langs de Backen dahl, wiel se so dar seet un de Han'n in den Schoot fallen leet. Se könn arbeiden un quälen, dat hülp jo doch Allens nichs; dar könn se doch lichter de Steern von'n Hewen halen, as en Mann, de eenmal an den Drunk kamen wör, wedder up de

rechte Bahn trügg bringen. Dar geew't keen Hülpe
mehr, — leewer starwen, as to'n tweeten Mal to beläwen,
dat se von Huus un Hoff jagd wörrn. . . . . . .

„Mober", röp dat up eenmal ut dat lütte Kinner-
bett röwer, „Mober, wo bist Du? Du bist doch nich
weggahn, Mober?"

Greet fahr tosamen. Groter Gott, möß ehr eegen
Kind ehr wiesen, wo unrecht se däh, dat se blot an sick
dach un nich an be twee lütten söten Göern, för be se
to sorgen harr? Lütt Peter harr noch nich utspraken, da
stünn se ok all an sin Bett, nöhm dat Kind up'n Arm
un küß un drück ben dicken pusbackigen Jungen mit so'ne
Hast, dat he rein ängstlich wörr.

„Nee, min lütte Jung, Mober is hier un will ümmer
hier bliewen." Un as de lütte Fent ehr so dankbar in be
Ogen kiek, dar güng ehr dat as en Messer dör de Seel.

„Hest du weent, Mober? Is be leege Jan Toom
webber hier wäsen un hett Di wat dahn? Is Babber all
to Hus, un krieg ick mor'n min Krintenbotterbrob?"

„Ja, min Kind, un en recht groot Stück will ick Di
gewen!" Un be Lütje slöp webber in un lachde ehr noch
in'n Slap entgegen.

Webber seet be lütte Froo alleen up eenen Plack to
starren. De goode Engel Moberleew harr ehr bätere
Gebanken in't Hart gewen as vörhenn. Un wenn se uk
trurig wör bät in dat beepste Hart henin — foortan
woll se noch ins so slibig arbeiben, üm för sick un be
Kinner to sorgen, un be leewe Gott schöll woll Mitleeb
mit ehr hewwen un ehre swacken Kräfte bistahn, wenn
he serg, wo goob as se't meende.

Dat Füer in'n Aben wör utgahn, awer be arme Froo
seet noch ümmer up besülwe Stäe. Küller und küller
wörr dat in be lütte Stuw, binah nett so koolb as bar
buten, wo be Twigen in be Böem knackten vör Frost un
be Maanb ben Snee glitzern und blinkern leet, as wören
all be Flokken schier Sülwer und Ebbelsteen.

Da wörr dat up eenmal luut vör de Döhr dar buten, se wörr upriegelt un en kolen, kolen Wind weihde dörch dat Hus.

Klaas köm binnen de Stuw un füll up den nögsten Stohl dahl. „Gott si Dank," röp he, „dat ick wedder hier bin!"

Greet keek em starr an, awer se anterde nich.

„Froo, leewe Froo, so wahr as Gott lewb, ick sett von hüte an keenen Foot mehr in't Weerthshuus!"

De arme Froo süchde deep up, aber se könn keen Wort finnen, üm em to antwoorden.

„Du glöwst mi nich, Greet? Ja, Du hest recht, ick hew Di dat all so oft verspraken un bin doch wedder hengahn. Aber nu is't vörbi! Slimm noog, dat ick nich ehder insehn hew, wo Unrecht ick gegen Di hannelt hew! As ick dar günthenn in'n Kroog wör un be Keerls mi utlachden, wiel dat Du mi ünner den Dumen harrst, as se sticheln, dar wör dat nett, as wenn de arge Fiend mi toflüster: „Ja, se hewt Recht, Klaas! Uenner den Dumen bist du; du hest nicks to seggen in'n Huse! Drink, Junge, drink un wis', dat du keen Narr bist!" Awer as ick en Glas brinken woll, da wör dat nett as of dat höllsche Für mi in be Kehl brennde, un mi wör, as seeg ick Di hier alleen in de Stuw sitten und blödige Thranen weenen, un ick dach bi mi sülwst: Du bist en gemeenen Fent, Klaas; erst makst du Froo und Kinner arm, un naher sist du up den leßben Dag von't Jahr in'n Weerthshuus, üm dat bäten, wat'r noch is, to ver= supen! Dar könn ick dat nich mehr utholen, un of se ok achter mi her lachden, ick bin in eens foortlopen, un nu bin ick hier. Froo, leewe söte Froo, kannst Du mi düt eene Mal noch vergewen?". . .

Dat Is wör braken, dat sick üm Greeten ehr Hart leggt harr. De helle selige Utbruck von'n Vörabend her harr wedder ehr leew Gesicht verklaart un ver= schönt, as se em entgegen güng, den Kopp an sine

Schuller lä un vör Freiben weenbe. En Ogenblick seegen se enanner nett an, as harren sick ehre Harten erst gistern funnen. Ja, so wör dat Recht, so wahr un hartlich wör dat nich ins wäsen, wat Klaas ehr toseggt harr, nu schöll he woll fast stahn up sin eegen Föten! Jan Toom un de arge Brannwien harren keen Macht mehr öwer em!

Dar güngen buten in'n Dörp de Klocken un lüden dat nee Jahr in. Klaas aber küß sin Greeten, brück se an sin Hart un sä: „En nee't Jahr, en bäter Jahr, Froo!"

*   *   *

Neejahrsmorgen! Dar buten harr dat Wäer sick ännert in be Nacht; be Snee leeg noch eenmal so hoch as an'n Ohlenjahrsabend. De Frost un be Störm awer harren sick leggt, un sülwst be leewe Sünn harr sick ut ehr Winterquartier rut wagt, üm ins to sehn, wo be Minschen Neejahr fierben.

In Klaas Franken sin Huus awer wör heel mehr Sünnenschien as bar buten. Mann un Froo seeten in be warme Stuw bi'n Kaffedisch, lütt Beetje up Babers Schoot, un se juchbe un freide sick jüst so as an'n Abend börher. Lütt Peter awer sprüng vör Lust in be Stuw rüm, as so'n lütt Fahlen up be Weide, un harr sin leewe Last mit dat grote Krintenbotterbrob, wat Moder em gewen harr.

Da güng be Döhr up, un Klaas sin nögste Nawer, Harm Ruschmeyer, treed in be Stuw, mit en Gesicht as bree Daag' Regenwäer. „Sünd Ji ok mit bi ben legen Striet wesen, leßbe Nacht in'n witten Löwen, Klaas Franken?" fraag he.

Klaas sprüng up. „In'n „Löwen" seggt Ji? Ja, awer von'n Striet weet ick nicks!"

„Na, benn freit Jo, süs harrn Ji ok noch als Tüge upt Gericht banzen könnt!"

„Minsch, wat is dar denn passirt,“ stött Klaas rut. Em wör to Sinn, as schöll em de Luchd vergahn.

„Jeses, dat wät't Ji noch nich? Krischan Kruse hett den langen Jan Toom mit'n Messer dood stäken! De geiht nich wedder in't Weerthshuus, de leidige Fent!

Klas wörr bald witt, bald roth, un süll in den Stohl trügg. Greet aber güng to em, drück sinen Kopp an ehre Bost un flüster mit Thranen in de Ogen:

„Gott hew sin' Seel in Fräen! Amen!“

Düwelsdrüppen.

Dierk Rüschmer ut Flaßdörp wör as en heelgaten Buurjungen na Bremen kamen, harr awer bald lehrt, wat'n Hark wör, un sick binnen söfteihn oder twinbig Jahren so fein rutmaakt, dat he en hübsche Loschir- un Schankwerthschaft harr, de em väl Geld inbringen däh. Mit de Tied aber wörr em dat in de Stadt langwielig, un he harr keenen grötern Wunsch, as sick recht bald ut de Weerthschaft trüggtrecken, up'n Lanne von sin Zinsen lewen un as Buur sin Dage besluten, oder bäter noch recht lange geneeten to können. In Helldörp, nich wied von'r Stadt, harr he ut'n Konkurs sick en schöne Buurstäe köfft, de he vörerst in Pacht gewen harr un nahstens sülwst öwernehmen woll. Man eenen Haken harr de Geschicht, un dar will ick hüte von vertellen. In Helldörp, recht an de Hauptstraat un mibben twüschen sinen Hoff mit Eckhoff und Appelgarn und sin Feldland leeg en lütte feine Hoffstäe, de he geern noch to köfft harr, man nich kriegen könn, so väl he dat ok all versöcht harr.

Düsse lütte Hoffstäe hör en ohle Jumfer von villicht söwentig Jahren, de in ehre junge Tied de Mannslüe nich utstahn künnt harr und nahstens darbi öwerbläwen wör. Dierk Rüschmer harr ehr Geld baen, mehr as ehr Hoff werth wör, awer Harms Tringreet harr seggt, up de Stäe, wo ehr Oellern lewt harrn un storwen wör'n, da woll se ok lewen un starwen. Dierk harr sick achter de Arwen von de Ohlsch, twee Süsterkinner, stälen, man darmit harr he erst recht in be Netteln legt, denn nu wör be Ohlsche erst ganz störrsch worrn, wiel se be beiden Süsterkinner so wie so nich utstahn könn un ümmer meen, datt be up ehren Dood luren.

So stünnen be Saken, as Dierk Rüschmer eenes schönen Dags ut be Stadt in sinen hübschen Jagdwagen na Helldorp köm, vör Harms Tringreeten ehren Hoff affsteeg un bi ehr vörspräken däh. De Ohlsche seet vör be Dör upn Melkbuck un wör ant Katuffelschelln. Mit ehre söbentig Jahr wör se woll mager, gäl un pucklig, awer be Arbeit güng ehr ümmer noch von be Hand as so'n junge Deern. Dierk klopp ehr fründlich up be Schullern un sett sick bi ehr hen upn ohlen hölten Stohl, den se ranhalt un mit be Schörten afwischt harr.

„Na, Tringreet," sä he, „wo geiht bat noch? Noch jümmer so frisch un munter?"

„Je ja, Dierk, wenn man in be söwentig is, denn mutt man jo tofräen sin, wennt man jichens geiht! Na, Du sühst jo of noch ganz munter ut."

„O ja, ick kann nich klagen, wenn of Jeder sinen Packen to drägen hett. Dat geiht mi jo of ganz zeitlich!"

„Dat freit mi," sä Tringreet un maak sick webber an ehr Katuffeln.

Dierk Rüschmer keek ehr to; he wüß in'n Ogenblick nich so recht, wie he sin Warf anbringen schöll. Ehr krummen, verdrögten Jichtfinger, be so hart wören as Kreewtscheeren, halen ümschichtig be brunen Knollen ut'n Korf un dreihn se flink herüm, wilbeß se mit'n ohlet affläpen Mest, dat se in'r rechten Hand harr, in langen Striepen be Schelln affdreihn däh un in ehren Schoot glieben, un denn be gälen Katuffeln in'n Kätel mit Water plumpsen leet. Upt leßte saat sick Dierk en Hart un füng webber an to fragen.

„Segg ins Tringreet . . . ."

„Na, wat hest Du denn noch up'n Harten?"

2*

„Ick — ick woll Di mal fragen, wullt Du mi Dinen Hoff noch ümmer nich verköpen?“

„Ne, min Jung, dar denk ick nich an. Wat ick seggt hew, dat hew ick seggt.“

„Din Woord in Ehren, Tringreet, awer ick wüß woll en Weg, de us beide helpen könn.“

„Dat schöll mi wunnern!“

„Na, denn hör mal to. Du verköffst mi den Hoff un beholst em doch.“

De Ohlsche hör mit de Arbeit up un keek em ver= wunnert an.

„Du versteihst mi nich, Tringreet. Kort herut ge= seggt: Ick gew Di alle Maand hunnert Mark; ick bring Di dat Geld sülwst in'n Wagen rut, un doch behollst Du de Stäe un alles bliwt bi'n Ohlen. Du läwst hier ruhig foort un ganz as Di dat gefallt.“

De Ohlsche keek em nu erst recht mißtroosch an. „Dat is ja för mi ganz good, aber wat schöll Di dat helpen. Du harrst jo min Stäe denn doch noch nich!“

„Na, Tringret, de Saake is, datt Du hier so lang wahnen un buurwarken kannst, as Di de leewe Gott dat Lewen lätt. Din Hoff bliwt ganz Din eegen. Du stellst mi blot bi'n Afkaten en Schien ut, datt na Dinen Dood de Stäe mi tofallen deiht. Kinner hest Du jo nich, blot twee Süsterkinner, de jo so väl hewt, as se bruukt, un all to väl hest Du jo doch nich för jüm över!“

De Ohlsche keek en ganze Wiel nadenklich in ehren Schoot. Toleßt sä se: „Na, ick will nich nee seggen, mi awer doch de Saak noch mal öwerleggen. Kannst totem Wäk wedder börkamen, denn will ick Di Bescheed gewen.“

Dierk Rüschmer geew ehr de Hand un güng. As he üm de Eck wör, da güng dat as so'n Art Sünn= schien öwer sien glattet Bottergesicht. „Ick hew se, ick hew se,“ sä he vör sick hen un gruflach. „Lang kann de Ohlsch dat jo doch nich mehr maken!“

Tringreet Harms güng den ganzen Dag ümher, as wör se in'n Droom. In de nögste Nacht könn se nich slapen. Veer Dage lang wör ehr to Mood, as of se dat Feewer harr. Se harr woll so dat Geföhl, datt an den Hannel nich alles ganz richtig wör, man de Ge= danken an dat schöne Geld, an de hunnert Mark, de ehr so rein as en Gobbsgeschenk alle veer Wäken in'n Schoot fallen schölln, leet ehr keenen Fräen.

An'n föften Dag güng se up eegene Fuust na'n Af= katen un frög den'n üm Rath. De sä er, datt. se gar nicks bäters dohn könn, as ben Vörslag von Dierk Rüschmer annehmen. Se schöll blot tosehn, of se nich noch twintig oder föftig Mark mehr in'n Maand ruuthalen könn. Denn harr se dat schöne Geld, bruuk sick nich mehr so to schinnen un to plagen un könn darbi hunnert Jahr old weern. De Ohlsche leet sick toleßt den Schien upsetten un güng.

As be acht Dage üm wören, köm Dierk Rüschmer webber, üm totofragen. De slaue Ohlsche bäh, as wenn se nich woll un sich nich slüssig weern könn, darbi harr se ümmer en heemliche Angst up'n Liewe, datt ehr de twintig oder föftig Mark mehr ut de Näse gahn können. Toleßt rück se dar mit rut, datt se mehr hebben möß.

Dierk Rüschmer maak en Gesicht, so lang as Lewerenz sien Kind, un sä „Ne". Dat wör em denn doch be Geschichte nich werth. Denn könn ut den Hannel nicks weern.

„Och," stöhn be Ohlsche, „ick heff jo doch kuum noch fief oder söß Jahr to lewen. Ick bin nu eenunsöbentig Jahr old un de starkste bin ick ok nich. Körtens löw ick all, datt ick na'n Kerkhoff möß, so slecht wör ick stellt!"

Dierk awer leet sick nich fangen. „Dat seggst Du jo baben Harten weg, Tringreet. Du bist so gesund, datt Du woll hunnert Jahr old weern un mi noch be= grawen kannst."

So hanneln de Beiden den ganzen Dag. Abens wören se eenig, datt Dierk alle Maand hunnert un twintig Mark betahlen schöll. An'n annern Morgen föhren se na'n Affkaten un de Geschichte wör in Ordnung.

Dree Jahr wören vergahn. — Ohl Harms Tringreet güng dat so good, as wör se noch mal wedder jung worrn. Nich so good güng dat Dierk Rüschmer; dat köm em so vör, as harr he de 1440 Mark all bald en halw Jahrhunnert lang betahlen mößt, as wör he verraen un verföfft. Von Tied to Tied köm he of mal na Helldörp to Besök, wenn dat so de Gelegenheit mit sick bröchd, üm na de Saat un na de Aarnd to sehn. Wenn he bi Harms Tringreet vörspräken däh, denn lach' se em vergnögt un en bäten hinnerlistig an, as wenn se sick freien dä, datt se em en Streich späelt harr. He däh fründlich wie ümmer, man in'n Harten ärger he sick fürchterlich, un wenn he in'n Wagen seet un wedder na Bremen föhr, denn flöck he vör sick hen: „Datt dat ohle Satansminsch ot noch jümmer nich krepiren will!"

Dierk Rüschmer, de sick doch süß ümmer good to helpen wüß, könn' in düssen Fall doch nich dat richtige Middel finnen. Am leewsten harr he de Ohlsche den Hals ümdreihn möcht, man dat leet sick ot so licht nich maken. Aber füensch wör he up de Ohlsche, füensch as en Minsch, den en Deef sin Good stahlen heit, en Deef, den he kennt un doch nich an'n Galgen bringen kann.

He sünn un sünn un terbröt sich den Kopp, bät he eenes Dages den richtigen Weg funnen harr. He föhr na Helldörp nut un straak sich vergnögt de Hänn'n as domals, da he mit Tringreeten hanneleenig worrn wör.

De Ohlsche wör to Hus un keek em ganz vergnögt un feniensch an. As he en Wiel mit ehr snackt harr, sä he up eenmal ganz fründlich: „Segg mi mal Tring= greet, worüm kummst Du denn nich mal bi mi vör un ittst bi mi to Middag, wenn Du mal in Bremen

bist? De Lüe, de Di un mi kennt, holt sick dar öwer
up un meent, datt dat mit use Fründschap nicht' wiet
her sien möß, un dat argert mi un deiht mi leed. Du
könnst jo man to mi kamen; bruukst jo nicks bi mi to
betahlen un hest dat so goob as annerswo, wenn nich
noch bäter. Dat schall mi ümmer frein, wenn Du mal
kummst. Kumm man so faken, as Du Lust hest, Du weest
jo, datt mi dat ümmer leew is, wenn ick Di mal seh."

Dat leet sick de Ohlsche, de jo en bäten gierig wör,
nich tweemal seggen. As se den nögsten Dingstag mit
ehren Knecht na Bremen föhr un Grönwaaren an'n
Markt bröcht harr, stell se vergnögt Pärd un Wagen in
den Stall von Dierk Rüschmer sien Weertschup un töw
up dat billige Middagäten.

Dierk Rüschmer lach' öwer dat ganze Gesicht, as he
de Ohlsche seeg un disch up, wat sien Weertschup leisten
könn. De Ohlsche kreeg en feine Höhnerzoppen, de se sick
to Hus nich tähmen däh, un darnah brunen Kohl mit
Pinkeln un mit'n Stück von 'ner Goos darin. De Ohlsche
smeck dat goob, man se könn von dat fine Aeten nich väl
rünner kriegen, denn to Hus wör se meist Melkzoppen,
bookweten Pannkoken un Katuffeln gewennt.

As Dierk ehr Koffee gewen laten woll, sä se „Danke!"

„Na," sä Dierk, „en lütten Sluck, so'n lütten söten,
warrst Du doch nich afslahn?"

„O, o, nee, awer —"

„Na, Ilse," schree he dör de Weerthsstuw, „denn
bring us doch mal'n Lakör, weest Du, von de feinste
Nummer ut'n Keller!"

De Magd wör in'n Ogenblick wedder dar un bröch
en groten buukschen Buddel mit de Inschrift „Sanfter
Heinrich".

„Süh mal," sä Dierk, „de is fein un holt Liew und
Seel tosamen!" Un denn schenk he för sick un för de
Ohlsche en Glas vull. „Den mußt Du mal probeern,"
sä he, „so wat gifft dat in Helldörp nich."

Tringreet brünk ganz sachte un langsam, as woll se dat Vergnögen recht lange geneeten. As se dat Glas utbrunken harr, lick se noch achterher den Rand af un smusker: „Ja, Dierk, de is fein, würklich fein!"

Se wör noch kuum fertig mit ehr Low, as Dierk Rüschmer ehr ok all dat tweete Glas inschenkt harr. Se woll de Hand öwer dat Glas holen un danken, man dat wör all to lat. Langsam leet se de scharpen un doch so söten Drüppen öwer de Tungen glieden. „Ja, ja," süchde se, „wer sick so wat tügen könn!"

As Dierk Rüschmer ehr dat drütte Glas ingeeten woll, röp se: „Ne, ne, Dierk, wat to väl is, is to väl."

Dierk Rüschmer awer sä: „Och, Tringreeten, dat is jo be reine Melk; dar kann ick woll teihn oder twölf von rünner drinken, dat is jo be reine Zucker. Dat deiht den Kopp un den Magen nicks! För be Gesundheit kann dat gar nicks bäters gewen!"

De Ohlsche geew na un leet sick ok noch dat drütte Glas inschenken, man se könn dat doch nich ganz mehr ut kriegen. Dierk Rüschmer awer röp, so hartlich un totrolich as he dat man fertig bringen könn:

„Ick will Di wat seggen, Tringreet, wenn Di dat smeckt, denn will ick Di mal en lüttjet Fatt darvon rutschicken, blot üm Di to wiesen, dat wi doch jümmer noch ohle gode Frünne sünd!"

De Ohlsche sä nich ja un nich ne, de „sanfte Heinrich" harr ehr hellschen fein schmeckt. As se na Huus fahren däh, wör se rein fidel, so datt ehr Knecht vör sick hen in'n Bart musseln däh: „Ick löw warraftig, be Ohlsche hett'n Swips!"

Dree Dage naher föhr Dierk Rüschmer bi Harms Tringreeten vör. „Ick möß doch mal na min Wintersaat sehn," lach he, „un dar hew ick Di sülwst mitbrochd, wat ick Di verspraken harr." Un denn hal he achter ut sinen Wagen so'n lüttjet feinet Fatt. „Willt em glieks mal probeern," sä he.

Öwer Tringreeten ehr Gesicht güng dat heel as Sünnschien. Se probeern un fünnen den „sanften Heinrich" ganz famos.

As se so'n Stücker dree Glas drunken harrn, möß Dierk Rüschmer webber weg. „Laat'n bi goob smecken, Tringreet," sä he, „wenn he all is, so schall mi dat upn lüttjet Fatt mehr ober minner nich ankamen."

Na acht Dagen spröek he webber vör. De Ohlsche wör in'r Döns darbi, Brodrinnen in de Melkzoppen to snien. He köm nöger, geew ehr de Hand un mark to sinen Vergnögen, datt be Ohlsche ut'n Hals na Brann= wien rüken däh.

„Lat us mal'n Lüttjen brinken, Tringreet," lach' Dierk. De Ohlsche leet sick nich nöbigen, un webber stötten se twee= ober breemal mit'nanner an.

Dat buur nich lange, da heet dat in ganz Hellbörp, datt Harms Tringreet noch up ehr ohlen Dage heemlich an'n Drunk kamen wör. Bald fünn man be Ohlsche in ehr Köken ober up'r Dählen liggen, eenmal richtig up'r Dörpsstraaten, stief as'n Tunpahl. Ehr Deensten mössen ehr to Bett bringen.

Dierk Rüschmer köm nich mehr na Hellbörp. Wenn em in'r Stadt de Veehköpers un Grönhökers von Harms Tringreeten vertellen, be noch up ehr ohlen Dage an't Supen kamen wör, denn mak he en trurig Gesicht, schübbel ben Kopp un sä:

„Ja, ja, dat is en bösen Kram, wenn man in ohlen Jahren noch up so wat fallen deiht. Dar gifft dat denn meist keen Mittel mehr gegen. Wenn dat ohl Drinken de ohle gode Deern man nich noch mal en bösen Streich spälen deiht!"

Un richtig, de „sanfte Heinrich" späl würklich Tringreeten en slimmen Streich. In'n nögsten Winter üm Wiehnachten wörr se na'n Kerkhoff brocht. Se wör bedrunken in'n Snee liggen bläwen un verklaamb.

Dierk Rüschmer harr sinen Willen un be Hofstäe barto. „Ja, ja," plegg he to seggen, „wenn be ohle gobe Deern sich nich an't Supen gewen harr, denn harr se woll noch teihn Jahr lewen könnt. Ick harr ehr bat so hartlich geern gönnt, awer bat is jo leiber so, elkeen is sin eegen Herrgott ober sin Düwel. Bör be Düwelsbrüppen harr se sick wahren mößt!"

De Hex.

Ick hew ehr eben noch kennt in min jungen Jahren. Old, steenold möß se wesen, de lütte grishaarige gebräkliche Froo. Se güng an'n Stock, deep vöröwer bögt, ganz as en Minsch, de väle un sware Lasten dragen hett in sin'n Lewen.

Se wahn ganz moderseelenalleen un verlaten dar buten vör'n Dörp, wo de Weg na dat grote Moor aftwiegt, in so'n lütte Hütten von Pahlwark, Stroh un Heidplaggen. In'n Dörp könn se nich wahnen; keen Buur woll ehr en lütte Döns oder Kammer mehr öwerlaten, un hier buten köm Nüms, üm ehr to besöken. Wer ehr von Widen kamen seeg, de güng ehr wied, wied ut'n Weg; se wör jo en ganz gefährlich Minsch — se könn hexen.

Nu is se all lange dob un de lütte Hütten is balbrennt. De Schepers un de Kohjungens hewt'r vörlenen Jahr en Osterfüer mit anbött. Datt se dood is, dat is nu all väle Jahr her, un doch kann ick mi de ohle Froo noch ganz dütlich vörstellen, as se dar Sommers in de lütte Döhr seet un na'n Dörp 'növer kiek, wo se so mannig Jahr still lewt harr un wo man se nu wegjagt harr as'n Utschott von de Minschheit.

Un doch könn de arme Froo nich vörutsehn, wat se in ehre lesten Dage noch Alles beläwen schöll!

* * *

Dicht an'n Weg, en heel Enne buten Dörps steiht de
lütte armselige Hütten. Vörtieds wören dar noch Finster=
ruten in be Rahmens, aber de Kohjungens hewt se ehr
allemal mit lütte Steen insmäten. Abends güngen se
mit'n ganze Sellschup darup ut, un de erste, de wedder'n
Ruten insmäten harr, dat wör de Baas. In be erste
Tied leet be ole Froo noch Krischan Struß, den Gläscher,
kamen un annere Schicwen insetten, man dat hölp nich,
denn alle Abend güng be Spektakel von Neen los. Jürn
Kohhcer, de Feldpanner, könn of nics dagegen maken.
Eenmal, as he upluert harr, de bösen Bengels astofaten,
ba harr'n se em mit'n Steen so vör de Knieschänen drapen,
bat em Hören un Sehn vergüng un sin Knüppel em ut
be Hand füll. Siet be Tied harr he nich wedder up be
Luur legen. De ole Froo aber leet of keen Ruten mehr
insetten; se kliester be Finster mit Papier to un stell
Bräder darbör.
Nu sitt se, wenn dat Wäer eben good is, in ehre
Hüttendöer. Se driggt en old verschaten Kleed, dat bar=
nah utsüht, as harr dat bätere Dage sehn. Na bat Utsehn
mutt se woll achzig Jahr old sien, man dat Utsehn brüggt,
villicht is se of noch'n teihn Jahr jünger. De deepen
Folen in ehr Gesicht makt se ölder, as se in Wahrheit
is un gewt us Nahricht von en unglücklich vergrämigtet
Lewen. Se sülwst hett von ehr Lewen nics vertellt, un
wenige Lüe könnt seggen, wo se ecgentlich heet. Uenner
den Namen „de ole Her" aber kennt ehr de Dörpslüc von
Kind up an.
In bat lütte Huus an'n Moor hett se noch so ganz
lange nich wahnt. Vörmals, as se ut de grote Stadt
kamen is — wie de ohlen Lüe vertellen — harr se en
lüte Döns in'n Dörp, in be se en Tiedlang still un
alleen för sich hen lewt hett. Umgang mit be Buurslüe
harr se wenig; de slimmsten Klatschwiewer können nics
von ehr un öwer ehr gewahr wcern, un so bleewen se
mit be Tied, eene na be annere, weg. „Wer weet, wat

se up'n Gewäten hett?" tüscheln se sik in de Ohren. Man een Minsch wör doch in'n Dörp, bi den de ohle Froo ut un in güng, dat wör de Froo von Jan Behrens, en goob Minsch, de ehr mannige Mahltied tokamen leet. Jan Behrens sülwst güng de ole Froo geern ut'n Weg; he wör alltiebs inwennig bange vör ehr wäsen, denn se könn so eegen ut ehre groten Ogen kieken. Annere Lüe harren dat ok all sehn un gruseln sik vör de arme Froo, un bolb flüster dat öwerall, datt se en Töwerhexe sien möß. Dar blcew dat denn en Tieblang bi.

Jan Behrens sin Froo wör klöfer as de annern Buurwiewer, se lachde öwer den Snack von Hexeree un Töweree. Geruhig geew se ehr lüttjet Kind de ohle Froo in den Arm, wenn se mal eben in den Stall bi dat Beeh na'n Rechten sehn möß. Blot Jan dröff dat nich sehn, süs wören de Poppen an't Danzen. Ne, se glöw nich an Hexeree; dar wör se väl to goob för uptrokken von den olen Dörpschoollehrer, in den sin Huus se groot worrn wör. Se wör eegentlich en Finnelkind.. Eenes Morgens — dat mögt nu woll all'n föftig Jahr her wäsen — leeg se in en lütten Mantel inwickelt vör Schoolmesters Döer, so'n lütt sötet verlarnet Worm, dat blot de Flünken fehlen, süs wör't en lütten Engel wesen. Schoolmesters harr'n sülwst keen Kinner, un so nöhmen se dat Worm as ehr eegen Kind an un nömen et Engeltjen. De ohlen goden Lüe sünd nu ok all lange bod, man Engel Behrens bewahrt jüm en dankbar Hart. De Schoolmester wör en olen wiesen Mann un he hett ehr so manniges lehrt, wo annere nicks von wies worr'n sünd. Un wenn se ins allen is, so is ehr to Mood, as of se em noch spräken hört: „Töweree un Hexeree giwt dat nich, min Kind. Ahn Gottes Willen kann us keen Haar up usen Kopp krümmt weern."

Ne, Engel glöwt nich an Hexeree, aber ehr Mann üm so väl mehr, wenn he ok süs en ganz klooken un brawen Kerl is. Hexeree un Spookgeschichten wören em

von Kind up inpäppelt. Sien Moder harr dar ok an
glöwt un wör fülwst all mal behext wäsen. Wat'n
Moder vertellt, glöwt en Kind alltolicht, un wat'n Kind
glöwt, dat sitt lange fast. Engel harr em all so mannig=
mal mit sinen Awerglowen to'n Besten hatt — man
bekehren könnt harr se em nich. Un darüm leet se de
ohle Fron ok blot denn to sick int Huus kamen, wenn ehr
Mann buten wör. „Wat dat Oge nich süht," meende
se, „dat deiht dat Harte nich weeh!"

Man dat schöll nich lange buern. Dat lütte Kind
inner Weegen wör ins krank worrn, un Jan harr de
„ohle Tange", so nömde he de ohle Froo, kort vörher
tofällig bi de Weegen stahn sehn, as se de lütte dralle
Kinnerhand twüschen ehr welken gälen Fingers dörch=
glieden leet. Dat Kind wör glücklich wedder bäter
worrn, man to alle Vörsicht harr Jan de ohle Froo een
för alle Mal verbaden, em wedder öwer de Sahlen
to kamen.

Üm desülwe Tied wör dat in'n Dörp vont Flüstern
to'n Schreen kamen, dat de ohle Froo en Hex wör. En
lütten Jungen in'n Dörp harr se en Appel gewen; den
Jungen sin Moder harr dat aber noch glücklich to'r
rechten Tied sehn un den Appel in'n Schapp leggt.
Den annern Morgen wör de schöne rode Appel weg un
en grise giftige Ütze harr in'n Schapp säten. So harr
de Froo sülwst vertellt, un dat möß woll wahr wäsen.
Von de Tied af woll keen Minsch de „Hex" mehr
Wahnung geben. Wenn se sick up de Dörpsstraat sehn
leet, halen de Wiewer ehre Kinner in't Hus, un wenn
se upn Buurhof köm, denn wörr de grote Döhr dicht to=
makt, dat se nich öwer de grote Dälen un an dat leewe
Veeh kamen könn. In'n Dörp heet dat, wenn söben
Jahr üm wörn, denn möß so'ne Hex den Düwel Eenen
läwern, en Minschen oder en Stück Veeh, un wenn se dat
nich könn, denn köm de Swarte mit den Pärfoot un dreih
de Hex den Hals üm.

Ehr lütte Döns in'n Dörp möß de arme Froo ver=
laten; se könn of den Tins nich mehr betalen, wiel
keen Minsch ehr Arbeit geben däh. En paar mitleebige
Lüe — Behrens Engel schöll se davör betaald hebben —
booben ehr buten't Dörp be lütte Hütten von Pahlwark,
Busch unb Heibeplaggen, un dar wahnt se nu all siet
Jahren.

* * *

Webber is't Abend. De ohle Froo sitt an'n Herb
un kiekt in't Füer, so nahdenklich un so eegen, as woll
se ut de gleunnigen Torfkluten Vergangenheit un Tokunft
lesen, as seeg se ehr lang verlaren Lewen ut be Gloob
vör sick upstiegen, den ganzen swaren Droom, den se all
so lange dröemt harr. Och, harr boch ehr Mober noch
wat länger lewt, denn harr woll noch alles anners weern
schöllt för ehr, denn wör of woll ehr Vader nich so an
den Drunk kamen. Allabends güng he tor Döhr henut,
as sin Froo boob wör, un denn köm he be heele Nacht
nich webber an't Huus. Un as nu be leßbe Pennig
verteerd wör, bat leste Stück Huusrath an den Juben
verkofft weer, da wörr he krank un könn keenen Gröschen
mehr verbeenen. Se aber seet an sin Bett un neihde
un strickte, üm blot för em dat Brob to verbeenen, för
em, be börch eegene Schulb sick un sien Kind unglücklich
maakt harr. Un as he nu dar so dal liggen däh, da köm
en Herr in't Huus, so'n leewen artigen Herr, be wör
mitleebig un geew ehr Gelb, Gelb vör Brob un annere
Saken mehr. Se wör noch en Kind — söbenteihn
Jahr! —

Wo rullt se be Oogen, as se daran denkt! Wo
ballt se be Hännen tosamen, as of se em dar vör sick
seeg in be gleunnigen Köhl. O, be Bebreeger, be Ver=
föhrer, wenn se em doch of eenmal so vör sick sehn könn
in dat Füer, dat ewig brennt! Wat se worrn wör,
dato harr he ehr makt! Un ehr Kind, o Gott, so'n
leewet hübschet Kind. . . . .

Still! Wör dat dar buten nich lud worrn up den Weg. Nee, dat wör blot Jnbildung wesen! Wer harr ok woll bi nachtslapen Tied wat up den Weg na'n Moor to söken. — Un wedder kiekt se in't Füer. Swarte Rook, lichte Flammen, knisternde Funken, gleunige Köhl, wille frömde Gedanken — so wör ehr Lewen wäsen. Man nu harr dat Füer bald utglimmt — —

Still! Dat wör doch keen Jnbildung wäsen. Up den Weg von'n Dörp her kamt Minschen. Kinner sünd dat nich, dat sünd vulwussene Keerls, un se hewt Knüppels, Gaffeln un Heuforken in de Hand, as wollen se in den Krieg trekken. Jan Behrens is de erste, he schient de Anföhrer von den Trupp to sien.

„Kinners“, seggt he, „paßt goob up, datt se us nich wegflitzt. Dar'n annern Minsch nich mit der Hand dör kann, geiht dat Hexentüg allemal noch dör.“

„Ja, dar kann ick ok wat von vertellen,“ seggt een von de Buern. „As se noch in'n Dörp wahn, harr ick ins wat bi ehr to bestellen. Erst keek ick dör dat Finster, of se ok woll to Huus weer. Ja, dar seet se! As ick aber in dat Huus kamen däh, da seet en grote swarte Katte up den Heerd, aber de Hex wör weg!“

„Ick hew ehr ins up'n Bessenstäel ut'n Schosteen fahren sehn,“ roppt wedder en annern von de Keerls, „da güng se na'n Blocksbarg, üm mit den Düwel to danzen!“

„Un min Schaap hett se verhext. Dreemal hett se't öwern Kopp strakelt un dat arme Deert hett keen gesunne Stünn mehr hatt.“

„Min Kind hett se na'n Kerkhof brocht,“ röp wedder eener ut den Hupen.

„Un min Froo hett se behext,“ sä Jan Behrens wedder. „Awer nu schall se ehr wedder bäter maken, oder se kummt nich lebennig ut min Finger!“ —

Noch jümmer sitt de arme ohle Froo un kiekt up den Heerd. De leste Funken is utgleut un de lütte Lampen

fangt ok all an, düster to brennen. Ja, düster is in
de lesten Jahren ok ehr Lewen wäsen. Eensam, so as
se dar nu sitt, hett se all so lange säten. Keen Minsch
kummt ehr in de Hütten, Alle seht se ehr mit den Puckel
an, Alle flücht't se vör ehr as vör de Pest. Och, datt
doch de leewe Gott Erbarmen harr un se to sick nehmen
däh, denn wör all dat Elend vörbi! Se harr doch ge=
noog utstahn in ehren Lewen un harr doch de Rauh woll
verdeent. Wo matt un möe is se noch von den Weg,
den se hüte makt hett, üm Behrens Engel noch mal to
besöken, villicht to'm letzten Mal. Dat Huus wör ehr
ja verbaden, man se harr doch noch eenmal hengehn mößt.
Süs harr se alle Wäken dör Behrens Knecht en Korf
vull Katuffeln un ok süs noch wat to lewen krägen von
de goode Engel, denn blot Engel könn dat wäsen, de ehr
dat schickt harr, wenn de Knecht dat ok nich seggen woll.
Keen anner Minsch in'n Dörp hett Mitleeden harrt.
Vörgistern wör aber de Wäke üm wäsen un de Knecht
wör nich kamen, gistern nich un hüte ok nich. Üm datt
Eten wör dat nich, dat harr se noch genoog. Aber de
goode Engel wör sicher krank, süs wör de Knecht woll
kamen. Un da harr se dat nich länger uthollen könnt
un in de Schummeree wör se na'n Dörp hinkt. Jan
Behrens wör nich to Huus wäsen, dat harr se glücklich
drapen. Se harr recht hatt, Engel Behrens wör krank,
aber Goddlow nich slimm; se harr sick blot stark verküllt.
Wo harr se sick freit, de goode Froo, dat se ehren ohlen
Plegling noch mal wedder seeg. Man se möß bold
wedder weg, wiel Jan ehr süs sehn könnt harr, un denn
harr dat en Ungewitter för de lütte Froo gewen.
Stillken un liese wör se ut'n Dörp wedder na ehr Hütten
släken. Jan harr ehr nich sehn! —
Ne, dar harr se Recht: Jan sülwst harr ehr nich
sehn. Aber annere harrn ehr dör dat Dörp sliken
sehn, un bevör Jan mal na Huus güng, wüß he all, datt
de „ohle Tange" bi sin Froo wesen wör. Un da wör

em up eenmal en Licht upgahn as en Thrankrüsel: Sin
Froo wör behext. Geerd, Hinnerk un de annern, de
mit em in'n Wirthshuus wören, meenden dat ok. Dar
geew dat blot een Mittel, üm de Froo wedder to kuriren;
Jan möß de Hexe in sin Huus halen un ehr dat Messer
an de Kehl' setten, datt se sin Froo wedder bäter maken
möß. In alle Ihl mössen se de Hex halen, datt se nich
erst börch de Luchd davonsleegen könn. So harren se sich
denn mit acht oder teihn Mann up den Weg maakt na
be Hütten an'n Moor, üm de Hex to halen.

*　　*　　*

Nu wören se dar. — Een von den Trupp klatter
up dat Dack un lä en Brett up den Schosteen, süs könn
de Hex as'n Kreih börch den Rook davonsleegen.

„So, nu kannt losgahn!"

Bums! tritt eener mit den Foot gegen de Döhr. Keen
Antwoord! Un nochmal „bums" en tweeden Tritt.

„Kumm rut, Du Hexe!"

„Wenn Ji en Katt odern Hund sehn schöllen," roppt
Jan Behrens, „denn stäkt dar man fix up los. Sone
Hex könnt Ji doch nich kaput maken. Slaat Ji ehr hüte
Abend dood, denn is se morgen bitieds wedder lewennig!"

„Kumm 'rut, Du Hexe!"

Keen Antwoord! Noch en starken Tritt un de morsche
Döhr flüggt in dat Huus up de harte Lehmbähl.

Dar sitt de Hex noch up den Stohl bi den kolen
Heerd. Dat leste Licht ut de lütte Lampen fallt up
ehr Gesicht.

Worüm gaht se nu nich up de ohle Froo los, de
Grotprahlers, mit ehre Gaffeln un Meßforken? Awer
bar staht se, as harr'n se en Slag upt Muul kreegen.
De ole Froo mut erst noch fragen, wat se denn von
ehr willt?

„Wat ik von Jo will," seggt Jan, de toerst wedder
Moot kriggt, „wat ik von Jo will? Ji hewt min

Froo verhext un Ji schöllt nu mit un ehr wedder bäter
maken, füz . . ."

„Och Gott, min Jung, wenn ick dat könn, denn schöll
ehr dat ganze Lewenlang nicks fehlen. Dat steiht in
Gottes Hand!"

„Wat sprikst Du von Gott, Du Düwelskind,"
schreet eener ut den Hupen, „Du mußt mit!"

„Ick kann nich," stöhnt de ole Froo. „Hewt doch
Mitleeben mit min Öller!"

„Still, lat't ehr tofräen," seggt Jan, „ick löw
sülwst, datt se krank is un nich mitkamen kann."

„Ick will'r nicks mehr mit to dohn hebben," seggt
een von de annern. „Kiek ins, wo se witt worrn is
un wo se utkiekt."

„O Gott, se starwt! Jan frag ehr doch noch!"

De ganze Gesellschaft loppt in be Nacht nut un
lett Jan mit de Hex alleen.

„Hewt Ji min Froo benn würklich nich verhext?"
frög he binah mitleebig.

De ole Froo schüddelt den Kopp.

„Wat hewt Ji denn ümmer in minen Huse to söken
hatt bi mine Froo?"

Dar sleit se noch eenmal be Ogen up un mit be
leste Kraft flüstert se:

„t'is min Kind!"

De ole Froo sackt vör sick dal up den Disch; be
Togwind löscht dat Licht ut un düster ward bat in be
lütte Hütten, düster un still.

* * *

Den annern Morgen vertellen se in'n Dörp, dat
be ohle Hex boob wör. De söwen Jahr wören üm
wäsen, un se harr den Düwel keen lewennig Wesen
läwern könnt.

(Nach dem Holländischen des A. Smit.)

Ilse.

To Walldörp in'n Kroog wör mal en lütte Deern in Deenst, de heet Ilse.

Se harr bi dat Uppassen in de Schenkstuw meist dat Wark alleen, denn de Froo von'n Huse löep ümmer in alle Dönssen un Kamern ümher un söch ehre Slötel, de se verlaren oder verleggt harr. Dar kömen an de Harwstabenden, wenn dat büster wörr, väle Gäste in den Kroog, de sick in de Gaststuw fastsetten, Beer un Sluck oder ok ehren Koffee drünken un Kaarten spälden, üm den Abend hentobringen. Aber ok väle Reisende un Lüe von de Landstraaten kömen rintrampeln, blau un börchfraren, üm wat Warms to kriegen, datt jüm bät to den nögsten Kroog an de Schossej Liew un Seel tosamenholen schöll. Wören dar aber ok noch so väl Gäste, Ilse wörr mit jüm Allen fertig, wenn se ok man ruhig un still ehren Weg güng un dat gar nich so hill harr.

Ilse wör lütt un slank, noch ganz jung, dabi eernst un still, so datt de Handelsreisenden nich mit ehr anbinnen un ehren Spaß mit ehr driewen können. Aber örndliche Lüe, de dar wat an gelegen wör, dat de Koffee un dat Eierbeer rasch un heet up den Disch kamen däh, hölden grode Stücken up Ilse. Un wenn de lütte Deern mit ehr Präsenteerbrett dör de vulle Weerthsstuw güng, denn maken ehr sülwst de ohlen Stammgäst willig na allen Sieden Platz un hören up to snacken, un Alle kicken se ehr an, wiel se so abrett un nüdlich wör.

Ehre Ogen wören von be groten, deepen, grauen, be
eenen anseht un doch wedder wied, wied an eenen vorbi
to sehn schient, as söchben se wat in be Feern; be Brunen
legen hoch in'n Bagen öwer be Ogen, wie woll en Minsch
se hoch treft, wenn he sik verwunnert, so datt be Gäste
oft löwden, Ilse harr jüm nich verstahn. Se verstünn
aber Allens ganz goob un bergeet nicks. Dat wör eben
so ehre Art, datt se so eegen in be Welt kiek, as of se
up wat Feernes lustern ober — drömen bäh.

De Wind köm hüte Abend ut Westen, wiether öwer
bat Land, öwer Moor un Heide. Erst harr he sware
un büstere Regenschuren upstöwert un gegen be Hüser
in'n Dörp un gegen be Böem in'n Fuhrenkamp jagb,
benn harr he sik in bat hoge Heibkruut verfungen, be
Regenbruppels afschübbelt, un wör wat sinniger worrn,
so batt he, as he bi den Walldörper Kroog anköm, man
eben noch be Macht harr, be Schünböhren uptostöten.

Nu aber wörr he wedder lustig, fahr öwer be grote
Dähl, dör be Kölenböhr, be half apen stünn un gegen
be Blangenböhr, so hart, datt se ok nagewen möß un wied
upsprüng. Un nu fegde he lustig quer bör bat Huus,
swenk be Lüchten hen un her, be ünner ben Böhn hüng,
reet ben Knecht be Mützen af un fahr bamit ut be
Blangenböhr nut, smeet be Pär in'n Stall be Däken
öwer den Kopp un feeg be Höhner in'n Wiemen von ehre
Latten. De Hahn füng wie bull an to kreihn, be Knecht
fluchte, be Höhner kakelden; in be Kölen könn be Froo
bör Rook nich ut be Ogen kieken un wedder mal mit den
besten Willen ehre Slötel nich finnen; in'n Stall stampten
be Päre wild, un sülwst be lütten Aanten, be sik bicht
an be Krippen brängt harrn, üm bat verstreute Koorn
uptolesen, füngen an to snatern, as schöll jüm be Hals
ümbreiht weern. Dorbi maak be Wind mit sin Hulen
en Heidenspectakel, bät en paar Lüe ut be Gaststuw kamen
bähn, sick mit ben Puckel gegen be Döhren stemmden un

se glücklich webber tobrüdben, wobi jüm de Funken ut
ehre Tabackspiepen üm den Bart flögen.

Als nu de Wind dat Allens fertig bröcht harr, smeet
he sik buten up de wittstämmigen Barkenböem an de
Schossee un schüddel mächtig den ohlen groten gälen Post=
wagen, den he woll en halwe Miel wied von den Wall=
börper Kroog up de Straten andräpen däh.

„Wat de doch ümmer förn Ihl hett, in den Kroog
to kamen!" brummde Krischan, de Postknecht, in sinnen
Bart un leet de Pietschen öwer de Pär ehren Rüggen
spälen. Dat wör nu gewiß all to'n teihnten Mal, datt
de Schirrmester in den Wagen dat Finster daltrokken harr,
üm em düt oder dat totoropen. Erst harr he em fründ=
lich en stiewen Krock in'n wallbörper Kroog in Utsicht
stellt, aber nah un nah wör de Fründschaft ümmer dünner
worrn. Tolegt harr de Schirrmester dat Finster ganz
ungedulbig upräten un fluchd, datt Krischan sick den Kragen
in de Höchd tröck, üm nicks mehr von sin Fründlichkeiten
to hören.

Middewiel aber feeg' de Wind dicht öwer den Eerd=
bobben hen un stöhn un süßde so eegen in dat Heide=
krunt, as en arme Seel, de keen Rauh finnen kann.
De Vullmaand stünn an'n Hewen, aber he künn dör de
dichten witten un flierigen Wulken nich darto kamen, sick
mal dar ünnen up de Eer en bäten ümtosehn.

Achter den Walldörper Kroog in't Noorden leeg dat
Torfmoor mit sin swarte Däken un sin gefährlichen Torf=
kuhlen mit dat dicke brune Water. Twüschen dat Heide=
krunt aber tröck sick en smallen, grönen Striepen Gras
langs, de utseeg, als of he en richtigen Weg wör. Man
en Weg wör dat nich, denn nah en paar hunnert Schritt
wör de Striepen mit eenmal to Enne, dicht vör en swarte
Torfkuhlen, de gröter un beeper wör, als all de annern.

Deep in den Grasstriepen daalbuukt leeg Reineke de
Voß un luur up Matten Lampe, den Hasen, de dar
günthenn in de Heide rünsprüng.

De Boß harr dat bald los, datt Lampe so laat an'n Abend nich lange mehr in'n Ring rümlopen wörr. Nadenklich steek he de spitze Snuten in de Luchd, maak sinen Angriffsplan un tröck sick mit den Wind trügg, um den Platz to söken, von wo ut he good seh'n könn, wo Matten Lampe sinen Ring sluten un sick slapen leggen woll. Darbi däch he ganz stolz daröwer nah, wo good dat inricht't wör in de Welt, datt de Hasen ümmer dummer un de Böß ümmer klöker weern dähn.

In'n Kroog geew dat hüte ganz besonners väl to dohn. Twee Handelsreisende harr'n Hasenbraen bestellt; de Weerth wör up en Akschon in Gewersdörp, un de Froo wör nich gewennt, sick üm wat anners, as üm de Köken to bekümmern. Un nu dröp sick dat noch so un= glücklich, datt de Winkelaslat ut Töst den Wirth spräken woll, un wiel de Mann nich to Hus wör, möß Madam en lange Geschichte anhören, de se nich verstünn, un ahnedem möst se noch en wichtigen Breef annehmen un ünnerschriewen — un so wüß se denn gar nich mehr, wo ehr de Kopp stünn.

Bi'n Aben stünn en frömden Mann un luur up en Flaschen Selterswater; twee Veehköpers harr'n all dree= mal Conjak to ehren Kaffee verlangt; de Hunsknecht stünn mit de Lüchten da un wull Talglichter hebben, un en langen, drögen Buur ut de Nawerschap folg' Ilse ängstlich mit de Ogen, denn he schöll noch söbenuntwintig Gröschen un söß Pennig ut'n Daler wedder rutbetaalt kriegen.

Ilse aber güng af un to, ohne sick to öwerilen oder to versehn. Man harr kuum glöwen schöllt, datt se dar alleen twüschen fertig worrn wör. De groten, lebennigen Ogen un de verwunnerten Ogenbrunen wören vull An= dacht, un den lütten zierlichen Kopp höl se still un stief — als woll se sick nich stören laten in ehre Gedanken. Ehr blaulaken Kleed wör ehr wat to eng worrn an'n

Hals un de Linnenkragen brück sick ünner dat Haar deep in de zarte, witte Huut.

„Wat de Deerns hier in de Heide doch för'n glatte Huut hebbt," sä de cene von de Veehköpers. Se wören Beide junge Lüe, wied in de Gegend rümkamen un snacken as Minschen, de wat von de Sake verstaht.

An'n Finster stünn en Mann, de sin grote engelsche Uhr ut de Taschen trekken däh. „De Post kummt hüte jo hellschen fröh," sä he, as he up dat Zifferblatt käken harr.

Dar buten rumpel dat öwer de Plastersteen; dat Stalldohr wörr upräten un de Wind fahr wedder dör dat Huus un dreew den Rook ut den Aben in de Gaststuw.

Ilse wör in de Köken nutwitscht, wiel de Stuwen= döhr apen güng. De Schirrmester köm in de Stuw un sä fründlich Allemann „Go'n Abend". He wör en hüb= schen, slanken Keerl mit dunkle Ogen, mit swarten, krusen Bart un en krusen Lockenkopp. De schöne bunte Mantel, den em sin König läwert harr, wör öwer de Schullern mit en groten, geringelten Kragen von Pelzwark besett't.

Dat gäle Licht von de beiden Petroleumlampen, de öwer'n Träsen hüngen, harr sick rein verleewt in de bunte Uniform un de blanken Knöp, de so lustig glitzern dähn. Un de slanke Keerl mit den lütten Kruskopp, den breeden Kragen un den langen Mantel wör, as he so dörch de Stuw güng, antosehn as en Wunner von Schönheit un Lewenslust.

Ilse köm ilig mit ehr Präsentirbrett in de Weerths= stuw un leet den Kopp vörn öwer hängen, datt man ehr nich in't Gesicht sehn könn, as se rasch von Disch to Disch, von Gast to Gast güng.

Den Hasenbraden sett' se de beiden Veehköpers vör un dat Selterswater bröch se in de Honoratschorenstuw na de beiden Handelsreisenden. Den ängstlichen Buur, de up sin Geld luurn däh, geew se en Talglicht, un de söbenuntwintig Gröschen un söß Pennige drück se den

frömden Mann an'n Aben in de Hand, un — witsch
wör se webber ut de Döhr nut.

De Weerthsfroo wör in helle Vertwiewelung. Se
harr twars unverhofft ehre Slötels funnen, aber mibbe-
wiel den Breef von den Winkelafkaten verlaren, un nu
wör dat ganze Hus in de fürchterlichste Upregung. Nüms
von de Gäste harr krägen, watt he hebben woll; Alle
schreen se dörchenanner, un de Handelsreisenden klingeln
mit de Dischglock, as wenn'r Füer utbraken wör. De
beiden Veehhändlers wollen sick doblachen öwer den Hasen-
braden, de mit utgestreckte Veene vör jüm leeg; de ängst-
liche Buur tipp mit dat Talglicht de Madam up de
Schullern un bäwerde vör Angst üm sin söbenuntwintig
Gröschen un söß Pennige. Un mibben in düsse baby-
lonsche Weerthschaft harr Ilse de unglückliche Husfroo,
de sick sülwst nich mal helpen könn, allcen laten.

Krischan, de Postknecht, seet up den Buck; de Husknecht
stünn vör den apenen Doorweg. De beiden Reisenden
in'n Postwagen wörr'n ungedullig, de Pär ebenso, wenn
se sick ok up nicks to freien harrn, un de Wind jüm üm
de Ohren susen däh.

Tolest güng de Döhr up, un de Schirrmester, up
den se Alle töwt harrn, köm an den Wagen. As he sick
bi de Reisenden entschulligen däh, drög he sinen groten
Mantel öwer den Arm. De Wagenlüchten schien em in't
Gesicht; sin Backen glöhben un he seeg höllschen upgeregt
ut, as he lachend den Mantel ümhäng un to den Kutscher
up den Buck stiegen däh.

De ole gäle Postwagen rumpelde öwer dat Steenplaster.
Krischan leet de Pär langsam gahn; nu harr dat jo
sone Ihl nich mehr. Dann un wann keek he den
Schirrmester von'r Siet an, de noch ümmer glücklich vör
sick henn lachde un den Wind mit sine krusen Locken
spälen leet.

Krischan, de Postknecht, lach ok vör sick henn, aber
up en annere Art; he harr so sine eegenen Gedanken.

De Wind blaas achter den Wagen her, bät de ohle Kasten üm de Ecke bögen däh. Denn fegde de Wind webber öwer de Heide henn un stöhn un füfzde so swar as en trurig Minschenhart bör dat kahle Struukwark. De Voß leeg noch ümmer up sinen Posten; Alles wör up dat Genauste uträfent. De Hase möß bald da wesen un em in de Klauen fallen.

Dar binnen in de Weerthsstuw wör Ilse webber up ehren Platz un de slimmste Upregung harr sick leggt. De ängstliche Buur wör sin Licht los worrn un harr sin söbenunttwintig Gröschen un söß Pennig krägen. De Handlungsreisenden harrn sick öwer den Hasen hermaakt.

De Madam jammer woll noch en bäten, aber utschellen däh se Ilse nich. De lütte Deern wat to nah to seggen, dat harr ok so licht keen Minsch fertig bröcht.

Sinnig un ahne Hast güng Ilse webber ut un in, un in de Weerthsstuw wör dat webber gemüthlich as vörher. De beiden Veehköpers wören ganz in de lütte Deern vernarrt. Se harr örnblich frische rode Backen krägen un lachde oft so heemlich stillen vör sick henn. Als se aber marken däh, dat de beiden jungen Lüe keen Oge von ehr lecten, güng se in de Honoratschorenstuw un maak sick mit de Theeläpels to dohn.

„Hewt Se sick den Schirrmester vörhenn woll mal ansehn?" frög de eene Reisende den annern.

De annere schüddel den Kopp, wiel he den Mund grade so bull harr, dat he nich antwoorden könn.

„Is dat en hübschen Keerl! Ick hew noch up sin Hochtied mitdanzt!"

„Soo — is de all verhierath't?"

„Jawoll, all siet twee Jahren; Sin Froo wahnt in Harborg; wenn ick recht weet, hewt se twee Kinner. De Froo wör den Weerth in Moorloh sine Dochber, ick loschier dar grade, als Pulterabend weer. Ick kann Se versichern — dat wör en lustige Nacht!" —

Ilse leet be Theeläpels fallen un güng ut de Döhr. Se hör nich mehr, wat man ehr ut be Weerthsstuw naropen bäh; se güng öwer de Dähl in ehre Kammer un füng an, half von Sinnen, ehr Bett in Ordnung to bringen. Ehre groten grauen Ogen tecken stief int Dunkle; se faat sick mit de Hand an den Kopp, slög sick vör de Bost un stöhnde deep up. Se könn un könn nich begriepen — —

Up eenmal hör se be Madam so jämmerlich ropen: „Ilse; Ilse! Lütje Ilse!" Se fahrde in de Höchd, löp tor Döhr und achter in ben Hoff nut — wied, wied nut in de Heide.

In'n Hollicht leeg de smale Grasstriepen dar, als wör bat en Weg. Aber en Weg wör bat nich. Keen Minsch mag glöwen, batt bat en Weg is, denn wo de Grasstriepen uphört, da is en büstre Torfkuhlen, grötter un deeper as all de annern in'n Walldörper Moor.

Meister Lampe, de Haas, harr wat platschen un plumpsen hört un sprüng vör Schreck steil in de Lucht. Un denn löp he, as wenn de Düwel achter em wör; bald be Been ünner sick, mit krummen Puckel, bald lang utgereckt sprüng he öwer dat Heidekruut — un weg wör he.

Reineke Boß streck sine spitze Snuten in de Höchd un keek ganz verblüfft den Hasen nah. He harr nichs von dat Patschen in de groote Torfkuhl hört; ganz jagd= gerecht wör he in den deepen Graben gegen den Wind ansleken kamen, un wiel he keen Fehler maakt harr, könn he Lampe sin Benehmen erst recht nich begriepen. He füng an to öwerleggen of doch nich an Enne de Hasen klöker un de Böß' dummer worrn wörn. —

De Westwind güng nah Süden und Osten rüm un köm toleft als Noordwind wedder öwer bat Walldörper Moor. In'n Weerthshus to Walldörp aber sehlden twee grote verwunnerte graue Ogen un en blaulaken Kleed, dat an'n Hals to eng wör. De arme Weerthsfroo jammer noch mehr as börbem. Se könn dat jo nich verstahn; — keen Minsch könn dat verstahn, utgenahmen Krischan, de Postknecht, un — de Annere. —

Wenn de ohlen Lüe de Jungens unb de Deerns so recht in vullen Eernst vermahnen witt, denn fangt se geern so an: „To Wallbörp in'n Kroog, da wör mal en lütte Deern, be heet Ilse —".

(Nach Alexander Kielland.)

To rechter Tied.

Vör hunnert Jahren ungefähr köm mit dat hollandsche Schipp „Prins van Oranjen" nah en sware un störmische Fahrt en Buurjung ut'n Verdener Sticht von Batavia trügg, wo he söß Johr lewt un arbeid un örndlich wat vör sick brocht harr. He harr de Seefahrt bäter verbrägen könnt, as Henneke Knecht, von den dat ole Leed vertellt, dat he all sin Hawersaat un darto en Schäpel Bohnen utlöwde, wenn em eener upn Stutz von'n Schipp webber na sin Brunswieker Dörp bröchde. Use Harm Corssen harr de Fahrt henn un her ünner grote Fährlichkeiten makt, harr ok mal Schippbrok läden un mit sin Ränzel ünnern Arm an Land swümmen mößt. Den Ranzen aber harr he wiß holen, denn dar wör en groten Schatz von Gold und Eddelsteen in, den he sick feern in Indien verdeent harr.

Von Hamborg, wo de „Prins van Oranjen" bi'n Jonas anleggt harr, wör Harm to Foot loswannert na dat Sticht Verden to. As dat Abend wörr, köm he in Rodenborg an, man he woll sick nich upholen un lewer de Nacht dörmarschiren, denn em wör tomod, as wenn em dat mit alle Macht nah sin vör söß Jahren verlaten Dörp trekken däh. Awer he harr sick doch tovääl totroot, em smarten de Föt un de Rucksack wörr em so swar, datt he bi Klock ölwen lang in den Kroog to Uennerstedt, wo noch Licht ut be Finster schien, inkehren däh, üm sick to verhalen. Mit Sünnenupgang woll he denn bör den Grafel un den Hamerloh wieder nah Karkwalf' marschiern, wo he to Huus hör.

As he in be Weerthsstuw köm, freide he sick hellschen, bat he in den Kröger en ohlen Fründ un Kumpan webber seeg, be ins mit em tosamen in Wittbörp as Knecht beent harr. De Kröger freide sick lifstermaten, un nu güng bat an en Fragen un Vertellen bet heel in be Nacht nin. In be Eck von be Döns seet upr Bank en Keerl in'n grönen Rock, be niep tohörde, sick aber upt leste up sin Strohlager läe, bat för em upr Dählen herricht't wör, üm to slapen.

Harm Corssen aber vertellbe un vertellbe un könn keen Enne finnen. He vertroe sinen ohlen Fründ an, bat he in sinen Snappsack woll öwer twintigdusend Dahler an Werth mit sick drägen däh, womit he nu woll löwde üm sin Brud freen to können, be em bör söß Jahren ehr Vaber affslan harr, wiel he arm wör.

„Och, Harm!" röp be Kröger, „denn mußt Du awer maken. „Lesthenn hew ick vertellen hört, bat bin Ilse en riken Buern ut Eversen ehr Jawoort gewen harr."

Harm fahr tohöcht. „Dat kann nich wäsen," röp he, „se is mi tru bet in den Dod."

„Nu, nu," anter be Kröger un schübbel mit'n Kopp. „Dat kann jo ok en brungen Ja sien, ober ok — kummst Du mi ut be Ogen, kummst Du mi ut'n Sinn."

„Ne, ne, bar kann ick ruhig bör slapen!" sä Harm. He leet sick be Butzen anwiesen un güng to Bedd, üm von sin Ilse to drömen.

Vor Möigkeit slöp he länger, as he bacht harr, un be Sünn harr all en schöne Tied schient, as he ut be Feddern kröp. He leet sick kuum Tied, sin Warmbeer uttobrinken un könn bat kuum aftömen, batt be Kröger upstünn, üm em sinen swaren Sack to gewen. De Grön=

rock von gistern Abend wör all öwer alle Barge, he harr
seggt, datt he ilig noch in Rodenburg to dohn harr.

Harm stapp nu ok mit sinen swaren Ruchsack los un
bald wör he in'n Grafel. De Sünn schien so fründlich
dör de frischen Eeken un Bökenwiege un de lütten
Vagels süngen so schön, as se man in'n Maimaand to
singen plägt. Harm harr aber hüte keen Ogen un keen
Ohren för all dat Schöne; em dreew dat vörwarts na
Hus un sin Packen wör em heel tor Last. As he dör
den Grafel in dat Holt köm, dat se damals den Hamerloh
heeten un wo twüschen Holt un Moor de beiden blanken
Bullenseen liggt, wör em dat heel to stuur un he sett
sick up en Boomstump, üm en Ogenblick to rasten un
sick to verpusten. Man in densülwen Ogenblick, da he
sick dalsetten döh, sprüng de Grönrock von förlennen
Abend uten Busch, höl em en grote Pistol un en Säbel
vör dat Gesicht un schree em an: „Dinen Geldsack her,
oder Du mußt starwen!"

Harm kreeg en höllschen Schreck un stünn erst stief
henn, ahne en Woort spräken to können.

„Na, ward dat bold!" brüllde de Grönrock un fuchtel
em mit de Pistol vör de Näse rüm.

Harm kreeg denn nu ok de Spraak wedder un lä
mit'n bedrömt Gesicht sinen Ränzel dahl, un as de Grön=
rock grufflachte un den Sack an sick nöhm, füng Harm
an to jammern un to swögen: „Och Du leewe Gott,
so schall denn all min Möe un Arbeit verlaren sin un
ick schall noch armer trüggkamen, as ick von Huus foort=
gahn bin! Un noch darto ward mi nüms glöwen, datt
ick utroowt worrn bin, denn ick kann dat ja nich mal
bewiesen. Wenn Ji würklich noch en Stück von Hart
in'n Liewe hewt, denn doht mi den eenzigen Gefallen,
gewt mi en Teeken mit, datt ick würklich beroowt bin
un scheet't mi dör den Hood!"

„Na, datt kann woll angahn," lach de Gröne un schöt
dör den Hood, den öm Harm vörholen däh!"

„Un nu hackt mi hier up den Stubben noch en Stück von minen lütten Finger af; wennt ok smarten deiht, so is mi dat doch leewer, wenn se mi to Hus nich utlachen könnt!"

„Ok dat noch!" sä de Strukröwer. Harm lä sinen lütten Finger up de Kant von den Stubben un röp: „Nu hau wisse to!"

De Gröne nöhm sinen Säbel in beide Hannen, halde ut un haude to. Man in densülven Ogenblick har use Harm sinen Finger trüggtrocken un de Säbel seet fast in den upgeklöwten Boomstump.

Nu aber slög Harm, heste nich sehn, mit sinen mojen Gudendagstock den Spitzbuwen so mächtig up den Brägen, datt he benaut un beswiemd bi den Stubben dalfüll. Harm nöhm de Pistol un smeet se wiet nut in den Bullensee, ebenso brök he den Säbel dör un leet de Stücken achterher reisen. Un denn weck he den Schelm mit sinen eeken Knüppel, datt he jammernd tohöchd köm un üm Gnade schreen däh. Harm dwüng em nu, sinen Rucksack up den Puckel to nehmen un vör em her to brägen. De Spitzbuw har keen Wedderwör un släp den Sack vörup, un wenn he mal versöch, still to stahn, so müß em Harm mit sinen Knüppel frische Been to maken.

So güng dat wieder dörch das Fedderloher Holt un öwer de Möhlenbrügg nah Karkwalde to. De Müller stünn vör de Möhl un keek de beiden verwunnert nah. He schübbel den Kopp un wüß nich, wat he sick bi düssen Uptog egentlich denken schöll.

As Harm un sin Packäsel dat Fedderloher Holt achter sich harrn un Harm up de Heide den Kerktoorn von sin Dörp to sehn kreeg, da süngen up eenmal de Klocken an to lüen, de he siet söß Jahren nich mehr hört harr. Harm kreeg en Schreck, denn wiel dat Albag wör, müß dat en Doden- oder en Hochtiedslüen wäsen. He dach an sin Ilse un an de Geschichte von den ricken Brögam, de em de Kröger vertellt harr. In sin Angst dreew he

finen grönen Vörlöper ümmer scharper an, bet se in'n
Draff, sweetend un pustend bi den Kerkhoff ankömen.
Richtig, als he öwer be Kerkhofsmuur kiek, wörr he
gewahr, datt sin Ahnung em nich dragen harr. Dar tröck
gerade en Hochtiedstog ö̱we̱r̲ be Straat na de Kerken to,
un achter de blasenden Muskanten gülng Ilse, sine Ilse
as Bruut an be Sied von ehren Brögam. Se wör witt
as en Liek un ween in ehr Bruutbook.
„Ilse!“ röp Harm, be sick nich mehr holen könn,
un „Harm!“ schree be junge Bruut, as se em to sehn
kreeg. Harm sprüng öwer be Kerkhofsmuur, se löp up
em to un beide leegen Hart an Hart.
Dat geew en Uprohr! De Grönrock smeet den Ruck=
sack af un lö̱e̱p̲, wat he lopen kö̱n̲n̲. Harm un Ilse
awer halsden un küßten sick eenmal ö̱we̱r̲ dat annere, un
be rieke Brögam stünn darbi, as en Grönhöker, den de
Petersilljen afhagelt is.
„Ick doh Insage!“ röp Harm.
„Dat doh, min Harm!“ anter Ilse. „Se hewt mi
bwungen un mi vörlagen, bat Du nich mehr an'n Lewen
wörst!“
„Na, Gott si Dank, ick bin noch nich boob, un mit
minen Ränzel hier kann ick dat mit en Dutzend von
so'ne Keerls upnehmen, as mit ben Slieker dar!“ —
Wat schall ick noch mehr vertellen. Nah en paar
Wäken wör webber Hochtied un Harm wör be Brögam.
Dat wör boch en Glück, batt Harm be rechte Tied nich
verpaßt harr!

Benjamin.

Bald bist Du nu nich mehr be Benjamin,
Un Dinen Platz nimmt en Nahfolger in,
    Min lütte fründliche Bengel!
Denn sett't Din Froo Mober Di bal up den Grund;
Un Vader seggt: „Loop man, dat is Di gesund!"
    Bist nich mehr be Affgott un Engel.

Bald bist Du nu nich mehr be Benjamin;
Dat geiht nich mehr allens nah Dinen Sinn,
    Min Kruuskopp, in Slaap un in Waken!
Bald itt Di en Anner' den Kees von dat Brot:
En Schreehals regeert bar up Mober ehr'n Schoot,
    En König in linnene Laken.

Bald bist Du nich mehr, als Din Bröders nu sünd,
Uu weenst Du, denn bist Du en „ahnwäten Kind";
    Man lacht, wenn Din Noth Du wullt klagen.
Un wenn Du ok süs all Din Pläge noch hest,
De Schreehals von Broder, de kriggt doch dat Best',
    Un bruukt Di noch nich mal to fragen.

Ja, bald bist Du nich mehr be Benjamin,
Un Dinen Thron nimmt en Nahfolger in;
    Börbi is dat mit dat Regeeren.
Man goob, dat so jung all Din Hart dat verwinnt;
Dat geiht in be Welt mal nich anners, min Kind,
    Noch oft kann Di sowat passeeren!

Erst priest Di be Minschen als eenzigen Mann,
Den Keener up Eerden verbrängen kann;
    Bist Baas, bist be Beste von Allen.
Denn trekkt bar en Wulken börbi an be Sünn — —
Un Dinen Platz nimmt en Nahfolger in;
    Un lachend laat't se Di fallen!

(Nach P. A. be Génestet.)

II.

Dat Düwelsdeert.

All mannig leewen Dag is't her,
Woll hunnert Jahr un noch wat mehr,
Da fünn up finen Weg en Buur
Ut Langendörp en Taschenuhr.
Us Jochen lach uu bückde sick
Un dach: „Du schast in mine Fick,
Blank bist du as'n Dahler is,
Un'n Dahler werth bist du gewiß.“
Doch as he nöger sick bekickt
Dat Dings, da hört he, datt dat tickt.
Still lett he't liggen an'r Eer
Un meent, datt dat be Düwel weer.
„Wat hett för'n snaakschen Kopp dat Deert,
Un wat förn langen blanken Steert,
Man von be Krallen un be Been
Is liksterwelt ock nicks to sehn!
Un wo, wo hett das Beest be Snut?“
Röppt use Buur vull Schrecken ut.

Toleſt doch ſat't he ſick en Hart,
Un wiel em ol' be Neeſchier tarrt,
Nimmt he bat Dings bin Steert to Höchb,
Un luſtert, of ſick bat noch rögb,
Un richtig, „tick, tack" ſeggt be Uhr.
Da ſmitt ſe wiet von ſick be Buur;
Nu bleew em jo keen Twiwel mehr,
Datt bat be wahre Düwel wör.
„Töw!" ſeggt he, „ſchaſt be Kränke krieg'n,
Ick will bi up ben Puckel ſtieg'n,
Vergahn ſchall bi bat Sehn un Hör'n,
Schaſt keenen Minſchen mehr verſöhrn!"
Mit ſinen Handſtock haut he twas
Kaput be Kapſel un bat Glas,
He haut ſo lang bar ſaſt up los,
Bät Uhr un Käe in Grütt un Moos.

Doch as he ſübber ſet't be Föet,
Da kummt en Herr em intomöet
Un röppt em to: „Min leewe Buur,
Fünnſt Du nich mine Taſchenuhr?"

„En Taſchenuhr? Datt ick nich wüß,
De kenn ick nich; doch bat's gewiß,
Den legen Düwel leßt ick fünn,
He liggt von hier woll'n Vertelſtünn!
Ick geew em grünblich bar ben Reſt,
Nu is he bob un is'r weſt."

(Nach Byra.)

De Regulater up Reisen.

„Süh, goen Dag, Froo Winb," sä be ohl Kramer Henke to Achternbörp to sin Nawersche, be in sinen Laden köm, üm en Punb brune Seepen un en half Punb Koffebohnen to halen. „Man goob, datt Se kamen sünd, ick woll all nöwerschicken!"

„So, wat is'r benn los?" frög be lütte Froo ganz neeschierig.

„Glück mutt be Minsch hebben: Ehr Loos hett wunnen," sä be Kramer.

„Och, watt Se seggt! Se makt woll webber Spaß!"

„Düttmal nich, Nawersche! Kieken Se her. Hier in't Book steiht be Nummer 5118, be ick an Ehren Mann verköfft hew. Un hier is be Winnlift. Achter Nummer 5118 steiht be Gewinn Nummer 33."

„Warraftig! Nummer breeunbörtig! Wat schöll bat woll sien?"

„Je, lütte Froo, bat weet ick ok nich! Ick weet blot, batt ick veertig Loose verköfft un teihn sülwst spält hew, un bat von be ganze Bescherung blot Ehr Loos rutkamen is. De verflixte Schützenlotterie! Ganz minn is woll Ehr Gewinn nich, süs harr he woll en högere Nummer!"

Dat lüchbe be lütte Froo in. In be Hast vergeet se Koffee un brune Seepen un löp ilig na Hus.

„Denk Di, Jan, use Loos hett wunnen," röp se ehren Mann to.

„Wat?" sä Meister Wind, smeet den Amtsrichter sien nee Böxen, wo he jüst an to neihn wör, up de Sied un sprüng mit'n Wupps von'n Sniederdisch rünner. „Us Loos wunnen? Wat is dar denn up kamen?"

„Ja, dat weet ick ok nich. Gewinn Nummer 33 seggt Henken Vader, un he meent, so ganz lütt könn de Winst woll nich wäsen, denn süs harrn wi woll en högere Nummer."

„Dat dünkt mi ok," sä de Snieder. „Na, denn laat us man gau äten, un achterher föhr ick mit de nögste Iserbahn na'r Stadt un hal den Gewinn."

„Aber, Jan, dat geiht jo nich. Den Amtsrichter sien Böxen mutt fertig; Du weest jo, datt he morgen mit'n ersten Tog verreisen will!"

„Och watt! De ohl Böxen schall woll noch ehren Schick kriegen, un wenn ick'r würklich en paar Nacht= stünnen för ansetten mutt. Morgen is Sönnbag, da gewt se jo den Gewinn nich ruut, un wenn wi noch bät Mandag töwen schölln, denn kömen wi jo ut de Upge= regtheit nich rut. Klock Acht kann ick jo mit den Abend= tog all wedder hier wäsen. Dat is jo man'n Kattensprung."

Jan Wind harr mit den Kattensprung so ganz Un= recht nich; de Tog föhr von Achterndörp na de nögste Stadt, wo de grote Schützenlotterie stattfunnen harr, man en lütte halwe Stünn. Trina harr denn ok gegen de Fahrt na den Gewinn nicks mehr intowennen. Flink stell se dat Aeten up'n Disch un bald wör ehr Mann tor Afreise prat. Grote Ümstänne wören jo nich nödig un'n paar Mark Tehrgeld, de he insteken dä, schöllen för de korte Fahrt woll nögen.

De Bahntog föhr usen Jan Wind hüte väl to lang= sam. Wör he von Natur all en bäten hibbelig, so müß he sick hüte vör Upgeregtheit nich to laten. Alle Ogen= blick greep he in de Taschen, üm to sehn, of he sin Loos

ol noch harr, trummel an de Finster, krau sick achter de
Ohren, sett sin Mützen af un na'n halwe Minut webber
up, brumm in düssen Ogenblick vör sick hen un füng in
den nögsten Ogenblick an to sleiten, kort, he stell sick so
an, datt de Lüe, de mit em in'n Wagen sceten, em toleßt
ganz verdußt ankeelen, wiel se meenen, datt he in'n Kopp
nich ganz richtig wör. Aß de Tog holen däh, süchd de
Snieder beep up, aß wör em en Steen von'n Harten
fullen, sprüng ut'n Wagen aß so'n lütt Fahlen un stünn
bald vörn Bahnhoff, wo he Luft snappen un sick besinnen
däh, wat he nu toerst anfangen schöll.

Dat Besinnen buur nich lang, un aß he sick bi so'n
Deenstmann befragt harr, scheef' he nar Stadt rin na'n
Marktplaß, wo den groben Lotteriejuden Moses Heinzel=
mann ut Berlin, de för den Schützenverein de Geschäfte
besorgt harr, sin Contor wörr. Bald stünn he vör den
Träsen, wo sick de Minschen drängen, üm ehre Gewinne
aftohalen. Aß de Beamte achtern Träsen nahsehn harr,
wat up dat Gewinnloos 5118 fullen wör, hal he en
groten hübschen Regulater ut Ekenholt ran, den he mit
de Wöer: „Ein Regulator in Eichenholz=Schnißwerk,
Gewinnnummer 33, Werth 60 Mark" usen Jan Wind
afläwern däh.

Jan wör erst en bäten bestött; he harr sich doch
dacht, datt dar mehr bi rut kamen mößt harr. Man dar
wör nicks bi to dohn, un wat wör doch bäter aß gar=
nicks; darto harr sin lütte Froo sich all lang'n för de
ohle Kukuksuhr an de Wand so'n neemodsch Prachtstück
wünscht. Jan Wind slög sinen Regulater in en groot
Stück bruun Packpapier, nöhm em aß so'n Wickelkind upn
Arm un güng siner Wege.

Aß he webber up'n Marktplaß stünn un sick besinnen däh,
datt de nögste Tog na Achterndörp erst Klock Acht afgahn
möß, dat he bet darhen ümmer noch ungefähr dree Stünnen
Tied harr, köm he to den Besluß, en Local uptosöken,
wo he am besten de Tied henbringen könn, denn dat paß

em boch nich, ben sroaren Regulater bree Stünnen lang
in be Stabt spazieren to brägen. Gebacht, gebahn; teihn
Minuten später seet he bi Diebrichs in'r Buckstraten
achtern Glas Beer un stubeer be neesten Narichten. Kuum
harr he so teihn Minuten säten, ba köm so'n langen
Minsch in't Local un sett sick mit'n fründlichen „Go'n
Dag" to em an'n Disch. De nee Gast maal würklich
en goben Jnbruck; he harr so'n grooten roben Snurr=
bart, un an be Hand, wo he ben Snurrbart alle Ogen=
blick mit strieken bäh, brög he twee golle Ringen. Balb
wören twüschen be beiden be Poppen an't Danzen unb
een Wort geew bat annere. Jan Winb vertell von sinen
Lotteriegewinn, wies ben Regulater unb frög ben neen
Fründ, wat be woll werth wör.

„Ünner söbentig bet achzig Mark is so'n feine Uhr
hier nich to köpen," sä be Mann mit ben groten Snurr=
bart, be sick usen Snieber as Agent Snau vörstellt harr.
„Dar könnt Se warraftig Eenen up utgewen."

„Un wenn't ok Twee sünb," lachbe be Snieber, be
sick freien bäh, batt sin Regulater so rasch in'n Priess
stägen wör. Wenn he wußt harr, bat be lange Agent
in'n Lotteriekuntor achter em stahn harr, as he ben
Gewinn afhahl un em langsam nahkamen wör, denn harr
he sick woll nich so freit. So awer leet Jan Winb
för sinen neen Fründ Beer kamen, un ut be twee Glas
wörren bree un veer.

Beerbrinken un Snacken warb up be Duur lang=
wielig un Jan Winb wör bor mit inverstahn, batt sien
Fründ Kaarteu kamen leet un en Partie Sößunsößtig mit
em to spälen anfüng. Se wörn bar kuum mit in'n
Gang, as so'n lütten Keerl to jüm köm, be fründlich
öwer bat ganze Gesicht lach un sick mit an'n Disch sett.

„Jch sei, gewährt mir die Bitte, in Eurem Bunde ber
Dritte!" sä he un geef Herrn Snau be Hand. Un benn
nick he usen Jan Winb fründlich to un sä: „Mein Name
ist Schulze, wenn Sie freunblichst jestatten wollen!"

„Na, worüm denn nich," sä Jan, de all en bäten
lustig worrn wör. Un nu spälen be Dree wieder, datt
be Tied man so flög.

Toleſt mark awer uſe Jan Winb to ſinen Arger,
datt be bree Dahler, de he in'r Taſchen hatt harr, bät up
e e n e n toſamen ſmulten wörn. He ſä, datt he nu to'n
Spälen keen Luſt mehr harr un of na'r Bahn möß.
In düſſen Ogenblick kick he of na be Klock an'r Wanb
un woll ſien Ogen nich troen, as be all halbig Regen
wieſen däh. De Uhr güng leiber recht; Jan harr den
Tog verpaßt. Nu möß he bät na Klock Delwen töwen,
benn ehr geew bat keenen Tog na Achterndörp. Erſt en
Vertel up Twölwen güng be Snelltog af, be of in
Achterndörp holen möß. He bach an ben Amtsrichter ſin
Bören, wo he nu be ganze Nacht an ſtubeeren könn, un
an ſien lütte Fro, be ſchön in Angſt üm em wäſen
möß — man bat hülp nichs, bar wör nichs an to ännern.
Bliewen woll he awer nich mehr; he ſett ſin Mützen up
un greep na ſinen Regulater.

„Wat haben Se denn da?" frög Herr Schulze.

„Dat is en Hauptgewinn von be Schützenlotterie,"
anter Herr Snau, ehr Jan noch Antwoord gewen könn.

„En famoſen Regulator!"

„Ei, laſſen Sie doch mal ſehn! Det ſoll en Haupt=
jewinn ſind? Männeken, ſo'n Ding, reene Fabrikwaare,
bet können Se ja in jeden Laden for zwanzig bis fünf=
unbzwanzig Mark koofen!"

„Wat?" ſeggt Jan Winb. „Se ſünb woll verrückt!
Twintig Mark? Hier Herr Snau hett em up achzig
Mark tarirt!"

„Wat Sie ſagen?" röp Herr Schulze, un woll ſich
vör Lachen kugeln. „Ick bin doch Uhrmacher! Bei mich
im Laden können Se jeden Augenblick ſon'n Dings for
zwanzig Mark haben!"

Dat flög dat Fatt den Bobben ut. Jan Winb, be
ſo wie ſo all vergrellt wör, woll ben Uhrmaker to Kopp

un harr em ſicher to faten krägen, wenn nich Herr Snau un de Weerth dar twüſchen kamen wören. Da be Agent ſick up den Uhrmaker ſin Siet ſtellen däh, bleew uſen Jan, wenn he nich rutſmäten werrn woll, nicks öwer, as ſinen Regulater ünnern Arm to nehmen un ſick bünn to maken.

In ſinen Arger marſchier he nu na'n Bahnhoff to, könn dat awer nich laten, ünnerwegs noch twee ober dree Mal intokehren. Tieb genog harr he jo. So üm Klocke Oelwen rüm wör he ok an'n Bahnhoff un ſett ſick glieks in den Tog, de en Vertelſtünn later fahren möß. Bald köm de Schaffner, un wiel Achterndörp de nögſte Statſchon wör, nöhm he uſen Fründ glieks dat Billjet af. Jan geef em eenen von de leßten dree Gröſchen, de he noch öwerbeholen harr, un bä den Schaffner, em doch bequem alleen in'n Coupee ſitten to laten. Dat wör em doch to ſchanierlich wäſen, wenn bar noch annere Achterndörper rinkamen wör'n un he jüm de Geſchichte von ſin Reiſe harr vertellen mößt.

*   *   *

„Glück mutt de Minſch hebben," harr Kramers Vader ſeggt. Datt de Minſch awer ok Malöhr hebben kann, dat ſchöll leiber uſe gobe Fründ Jan wies werrn. He harr ſinen ſwaren Kopp nich bedacht, ſick bequem up de Bank ſtreckt un wör richtig indöſ't. Up eenmal wörr de Döhr upräten un Jan fahr to Höcht.

„Sünd wi all in Achterndörp?" frög he den Schaffner.

De kreeg keenen ſlechten Schreck. „Minſch, ſünd ſe benn nich to'r rechten Tieb utſtägen?" ſä he. „Wi ſünd jo lange Achterndörp vörbi. Hier is Statſchon Veerſtadt!"

Jan ſin Geſicht wörr twee Toll länger, as gewöhn= lich. „Veerſtadt," ſchree he. Worüm hebbt Se mi nich ropen!"

„Nu maken Se man keenen Larm," antwoorde de Schaffner, „süs möt't Se noch en Billjet von Achternbörp na Veerstadt nalösen un dree Mark Strafe darto betahlen."

Dat lüchde Jan in. As'n begaten Pudel klatter he stillswiegens ut'n Wagen un sleek sick in den Wartesaal. In sone unglückliche Lage wör he noch nich wäsen. Drüttehalw Stünnen von Huus seet he hier up de frömde Statschon, Nachts na Twölwen un mit twee blanke Nickel in'r Taschen! He keek sik de paar Lüe an, de dörben Saal den Weg na'r Stadt nöhmen, man dar wör Nüms bi, de em kennen däh.

Vörerst seet he still un leet sik en Glas Veer kamen, wiel de Kellner em all en Tiedlang en bäten verdächtig ankäken harr. De Kellner harr ok so unrecht nich, denn en Minsch in'n Sommeranzug in'r Harwstnacht, be hellschen köhlig wör, un mit'n groten Packet in brunen Packpapier, wo en Regulater ruткieken däh, en Minsch, de sik noch alleen up'n Bahnhoff dahlsett, wo doch alle örndlichen Minschen maken, datt se an't Huus kömen, möß em woll verdächtig vörkamen, tomal de Keerl so däh, as woll he dar ganz gemüthlich öwernachten. Dat harr use Jan ok vör; em wör to'm Glück noch infullen, datt in Veerstadt en Sniedermeister wahnen däh, de mit em vör nägen oder teihn Jahren to Hamborg in'r Lehr wäsen wör. Düssen Meister Warner harr he vörlenen Jahr ok mal besocht, as he jüst in Veerstadt wäsen wör. In'r Nacht Klock Eene könn he natürlich den goden Bekannten nich ruttrummeln. He woll bät morgen fröh töwen un em üm Rath un Hülpe bibben. Klock Söben könn he denn mit den Tog na Achternbörp föhren. Man he harr de Räknung ahne den Kellner maakt, de anfüng, Stöhl un Dischen tosamen to schuwen un so to rumoren, datt Meister Wind heel angst un bange wörr. Aber he seet fast, denn wo woll he in de Nacht mit sinen lesten Gröschen in de Tasch un mit sinen Regulater bliewen. Upt leste verlör de Kellner aber de Geduld.

„Nu ward dat awer Tied,“ sä he. „De Wartesaal
ward nu toslaten bät to den ersten Morgenzug. Löwt he,
datt ick hier de ganze Nacht achter em rümsitten will?“

„Üm Gottes Willen nich, leewe Mann,“ sä Jan Wind,
un frög, of he denn nich alleen darbliewen könn. De
Kellner awer tück mit de Schullern.

„Dat is nich,“ sä he patzig.

Jan wör all in'n Begriff, den Kellner sin trurige
Geschichte to vertellen, man he beet sick up'r Tungen, as
he seeg, datt de Kellner em ankieken däh, as harr he en
Spitzbowen vör sick. Ganz bedröwt nöhm he sinen
Regulater ünnern Arm un güng in de Nacht henut.

De nögsten Straten legen still un doob, keen Licht
wör mehr to sehn. Erst as Jan wieder in de Stadt
köm, seeg he rechts noch Licht in so'n grotet Huus; he
güng henan un lees an de Wand: „Gastwirthschaft zum
blauen Bären.“ Wedder köm em en goden Gedanken;
hier wör · he vör'n Jahr all mal mit sinen Collegen
Warner wäsen. He nöhm sick en Hart un güng in de
Weertschaft.

In de Gaststuw seeten blot noch veer Minschen, de
Weerth, en Landschandarm un twee Börgers; de letzten
Dree spälen Skat. Alle Veer kecken den laten Gast
ganz verdächtig an, am scharpsten awer der Schandarme=
riewachtmeister, as Jan sick en Glas Beer gewen leet
un sinen grooten Regulater bi sick up de Bank stell.
Jan tröck sinen lesten Nickel ut de Taschen un lä den
vör sick up'n Disch.

„Na, wo kummt he denn noch so laat her?“ frög de
Weerth.

„Mit den Zug von Seestadt,“ anter Jan.

„Awer de is jo all'n Stünn' hier!“

„Ja,“ sä Jan, „ick — ick hew mi noch en bäten
an'n Bahnhoff upholen.“ Un den bitt he den Weerth
datt he sick mal up'n Ogenblick bi em dalsetten möch.
De Weerth brumm vör sick in'n Bart, köm awer doch

un sett sit bi em bal. Un nu süng use leewe Jan Wind an, den Weerth to vertellen, wo em dat gahn wör, klag em sin Verlegenheit un frög, of he hier nich be Nacht bliewen könn, he woll för dat Nachtquartier ot geern den schönen Regulater als Pand laten. An'n annern Morgen woll he sit von sinen Fründ Warner dat Geld lehnen un betahlen.

Man as de Weerth den Namen Warner hör, sprüng hn up, as wenn em en Abber bäten harr. „Warner?" röp he. „De Lump is Ehr Fründ? De is jo vör veer Wäken utrückt un mi ok noch mit twintig Mark bör be Latten gahn. Se maakt woll Flausen! Wat de Klock dar anlangt, de nehmen Se man webber mit. Un denn hew ick hier en Weerthshuus un keen Pandhuus!"

De Skatspälers harrn ehre Karten up'n Disch leggt. De Wachtmeister, be Allens mit anhört harr, sprüng up, köm an den Disch un kiek usen Jan, de vör Angst witt worrn wör as de Kalk an'r Wand, an, as harr he en groten Gaudeew fungen.

„Wer sünd Se? Wo kaamt Se her? Watt hebbt Se hier för Geschäfte?" schnauz de Wachtmeister den armen Snieder an.

„Ick — ick — ick —," stöter Jan Wind un könn erst garnich to Woord kamen. Tolest köm he awer doch mit sin Geschicht to Stohl, man as he fertig wör, lach de Wachtmeister em grimmig an un streek sik den Snurrbart.

„Sowat will Se mi upbinnen? Na, dar hewt Se sik awer verreken! Wiesen Se mal Ehre Papiere!"

Jan wör in Dodesangst. He harr ok nich een Stück Papier bi sik, dat he vörwiesen könnt harr, nich mal en Sniedermaat. Trurig schübbel he den Kopp.

„Na, denn bliwt nicks öwer, as datt ick Se arretiren mutt. In Oldenborg is erst körtens en groten Inbruch

in'n Uhrenladen passeert, dar ward Se woll üm wäten.
Ich harr nich löwt, datt ick hüte Nacht noch so'n Fang
maken wörr. Schenken Se mi erst noch en Lütten in,
Herr Weerth, un denn — marsch börwarts, Arrestant."

Jan Wind wör so bestött, dat he keen Word mehr
sinnen könn un sick as en Lamm tor Slachtbank afföhren
leet. He bersöch noch mal ünnerwegs, den Wachtmeister
gode Wör to gewen, man de ranz em an, datt em dat
to'n tweeten Mal nich mehr infüll.

Dar buten an der Wallpromenade von Veerstadt stünn
en ohlen Toorn ut'n föfteihnsten Jahrhunnert. As man
bör mehr as hunnert Jahren de Festungsmuern afbraken
harr, wör de ohle Toorn öwerbläwen un as Gefängniß
inricht. To düssen ohlen Toorn möß use Jan mit sinen
Regulater spazeeren. De Wachtmeister läwer em an den
ohlen Gerichtsdeener af, de ok toglick Gefangenwärter
wör, un en paar Minuten later seet use Jan in so'n
Lock, wo he sick kuum in ümdreihn könn', upr Pritschen
un dachde öwer sien Schicksal nah. Den Regulater harrn
se em afnahmen, un de Taschen, wo natürlich nich'n
Gröschen mehr in wör, rein utkramt.

Dar seet he nu in'n Düstern un grüwel un stöhn
un de Thranen kömen em in de Oogen. Datt sien Un=
schuld den annern Morgen ant Licht kamen möß, dat wüß
he jo, man den Schimp un de Angst, de he utstahn harr,
dar möch he nich an denken. Wenn he en Strick hatt
harr, wer weet, wat em för lege Gedanken kamen wören.

Up leßte füll he in'n Slaap, awer en ruhigen Slaap
könn man dat nich heeten. Em dröem, datt he den Re=
gulater stahlen harr un in Seestadt dör de Straaten
löp, achter em de Agent Snau, de Berliner Uhrmaker
un de Kellner ut Veerstadt, de ümschichtig schreen: „Hoolt
den Deew! Hoolt den Deew!" Un denn köm up eenmal
de Amtsrichter von Achterndörp in Frack un witte Nenner=
bögen, kreeg em bin'n Kragen un sä: „Süh, süh, dar

is jo be Kerl von Snieder, be mi min nee Bözen ftahlen hett! Wo is be Bözen! Ick kann doch in Frack un Uenner= bözen nich verreifen! De Keerl schall int Tuchthuus!"

*   *
*

Den annern Morgen waak ufe arme Jan up, von Sweet fo natt, asn Katt, be ut'n Water trocken is. Sin Mallöhr awer harr'n Enne. De ohle Gerichtsbeener, be noch in be Nacht fo hellschen brummt harr, as he ben Snieder wegftäken möß, köm in be Döhr un fä em, batt he free unb dat bar Eeener ut Achternbörp wör, be em afhalen woll. Als Jan in be Wachtftuw köm, wör fin lütte Froo bar, be em mit Thranen in be Ogen üm ben Hals füll, un bi ehr ftünn be Schanbarm Müller ut Achternbörp, be mit ben Morgentog na Veerftabt kamen wör, wo he bi'n Amt to bohn harr.

In korte Tieb harr fick Allens upklärt. Froo Winb wör in ehre Angft noch in be Nacht na'n Bahnhoff in Achternbörp loopen un jüft ankamen, as be Tog all webber in'n Gang wör. Lüe ut Achternbörp, be mit ben Tog ankamen wör'n, harrn ehr feggt, batt ok ehr Mann in ben Tog inftägen wör un woll in'n Slaap bat Utftiegen vergäten harr. So wör fe benn in ehre Angft mit ben nögften Tog morns um Fiewe ehren Mann naföhrt un in Veerftabt ankamen, wo ehr all vertellt wörr, batt fe in be legte Nacht en groten Inbräker faa't harrn, be fick för en Snieder ut Achternbörp utgewen bäh. De Schanbarm ut Achternbörp, be ok mit ben Tog kamen wör, harr benn be lütte Froo mit to'n Amt nahmen un be Unfchulb von ehren leewen Mann feftftellen hulpen.

So wör ben Allens webber in be Reege un Wind un fin Froo föhren mit ben nögften Tog glücklich na Achternbörp. Man be Kunbfchaft von ben Amtsrichter harr ufe leewe Jan för ümmer verlaren.

„Siend's kahr, Toffel?"

„Arbeit schimpt nich," plegg Großvaber to seggen, un barmit meenbe he besonners be Handarbeit, be us Jungens ümmer nich so goob behagen woll, as bat Rümstöwern in be schönen Röwer= unb Rittergeschichten, be wi us heemlich bör be ohle Stutentringreet von ben goben Bookbinner Suhrmann in Töst mitbringen leeten un benn mit Grusen un Gräsen börchstubeerben. Groß= vaber hett väl schafft in sinen Leben; he wör een von be Lüe, be bat Stillsitten up'n Doob nich lieben könnt. Wenn he sin Schoolstünnen gewen harr, un be buern inn Sommer in usen Dörp blot von Söß bet Acht bes Morgens, benn möß he nut in't Feld, up be Wisch ober in be Heibe, wo grabe wat to bohn wör, un wi Jungens mössen mit — bar hölp keen Muulspitzen. Man Großvaber hett Recht hatt; he is bi sin Arbeit öwer achzig Johr olb worrn un bät in sine lesten Jahre kreeg em keen Krankheit ünner. Wi Jungens weerb em bat woll nich nahmaken.

Eegentlich wör bat en Lust, ben ohlen Mann mit be witten Haar so rüstig schaffen to sehn, un wiel em bat Allens so flink von'r Hanb güng, so kömen wi Jungens tolest ok in'n Tog un faten fix mit an. Dat freibe benn ben Ohlen; he lach öwert ganze Gesicht un wiel he ganz bull von eernste un lustige Geschichten steek, so füll dar ümmer noch wat för us af, denn Großvader harr väl beläwt un sick in sin langet Leben ok en örndlichen Hupen tosamen lesen.

So wören wi eenes Dags mit em up'n Dewerwaterfeld bi'n Katuffelhacken, un dat maal sick so von sülwst, datt Großvader up be Katuffel keem un us von Franz Drake un von Walther Raleigh vertellde, be toerst vör dreehunnert Jahren be Katuffeln von Amerika röwerbrocht harr'n. Un sübber köm he darup to spräken, dat noch in sine Kinnerjahren, in be französche Tied, up'n Lanne keen Minsch dar an dacht harr, bat sine Kinner un Kindskinner noch mal mit de frömben Knullen ganze Morgen Land beplanten wörrn. Roggenbree un Melkspiesen wören domals be Hauptkost wäsen un darbi harrn sick be Ohlen nich slechter stahn, as ehre Nahkamen.

„Nu wät ji, wo se herstammt," sä Großvader tolest. „Wät' Ji aber ok, wo se den Namen herkrägen hett?"

Wi beiden Jungens wören nu gliek bi be Hand, ut bat Naturgeschichtenbook, wat us be Ünnerlehrer Schröder lehnt harr, use Wätenschap lüchten to laten. Wi füngen an von Trüffeln, Truffeln un annere frömbe Wöer to snacken, wo be Eerdappel den Namen Katuffel herkrägen hebben schöllen. Man Großvader füng an to lachen un schübbel den Kopp. „Ne, Jungens," sä he, „be Geschicht is väl eenfacher, bat is keen Frembwoort, bat is'n ehrlichen bütschen Namen, den be Erdappels krägen hewt, un bat wör'n richtigen Hannoveraner, be jüm döfft hett. Ick will joo be Geschicht vertellen, wie ick se von ben ohlen Doctor Koch in Fallingbostel hört hew, as ick mal mit em von Soltau na'n Amt föhrt bin." —

„Dat is nu all öwer hunnert Jahr her, as ben Doctor sin Großvader, be bamals Assessor in Celle un noch en jungen Keerl wör, mal in Geschäften na Wetzlar an bat Reichskamergericht schickt wörr. Nu harr he up be Reise in'n Postwagen en lütte fixe Deern, en Pastersbochder

ut Sachsen kennen lehrt, un as he sinen Upbrag in
Wetzlar utricht't harr, da keem em de Lust an, den Üm=
weg öwer dat sächsische Vogtland to nehmen, üm de
lütte Deern, de nahstens ok sin Froo worrn is, mal to
besöken. Gedacht, gedahn! An Tied un Geld fehl' em
dat nich, un he maak sick up den Weg na Sachsen.
He köm ok glücklich in den Ort, wo sin tokünftige Brut
to Hus weer, man de lütte Vagel weer all wedder utflagen
un to Verwandten na Brunswik trüggereist. Us Assesser
wör nich wenig bedröwt, man wat schöll he maken; he
möß sick in Gebuld faten un nöhm sick vör, nu ok mal
de schöne Gegend — dat wör so bi Weyda rüm — sick
gründlich antosehn. So harr he eenes Dags, dat wör
in'n Harwst, wedder een schöne Tuur trüggleggt, un erst
Abends mark he, dat he sick in sin verleewte Drömeree
von'n rechten Weg verlopen harr. Rund ümher wör keen
Hus un keen Dörp to sehn, un use Assesser maak sick all
praat, dat he de Nacht in'n Freen öwernachten möß,
as he up eenmal ut de Feern en Licht blinkern seeg.
Froh, datt he doch för de Nacht noch eenerwärts ünner=
krupen könn, güng he grade up dat Licht los und ahne
dat he sick bi dat Hensteilen öwer Boomwutteln un Steene
de Beene braken harr, köm he an en grot Buerhus.
De Dohrweg stünn wied apen, un ahne sick to besinnen,
güng use verbiesterte Assesser up de Buersüe los, de sick
üm en lustig Füer up de Lehmbähl tosamenfunnen harrn.
Öwer dat Füer aber hüng en groten Kätel, wo dat in
bullern un ballern däh, as wörrn da Köwen för de Swiene
in kaakt. Use Landsmann wör dör den langen Marsch höllschen
hungrig worrn, un in Vertroen up de Gastfründlichkeit
von de Buerslüe güng he up den Ölsten von de Gesellschap
los, vertell, dat he sick verbiestert harr un frög, of he
nich mit äten un dar de Nacht bliewen könn. „Thats
verschteht siech," sä de Huusvader un schübbel em fründlich
de Hand, de Annern aber nöhmen em gliek Stock,

Hoot un Reisetaschen af un rücken em en Stohl an'n
Heerd un bald harr he en groten Kroos Beer in de
Hand un könn na Beleewen sinen Döst stillen.

As use Assesser dat Beer utbrunken harr, kiek he
neeschierig den Kätel an un grüwel daröwer nah, wat bat
benn nu woll to äten gewen schöll. Wat he aber seeg,
bat gefüll em gar nich, benn in den Kätel wör en gries
Gericht, bat he noch narms nich to Gesicht krägen harr,
un ruken könn he schier garnicks. Verdreetlich un ängstlich
hör he, bat bat Bullern un Ballern in den Kätel ümmer
buller wörr un toleßt wör bat lickßterwelt en Spektakel,
as wenn bar luter Gnielsteene börchenanner pultern. Up
eenmal köm en jung Paar, bat vörher verleewt in'r
Ecke mit enanner tüschelt unb flüßtert harr, nöger an bat
Füer, un de Jungkeerl kreeg en Meß ut de Taschen un
fahr bamit in den Kätel rin, üm bar en grisen Klumpen,
so groot as en Höhnerei, ruttohalen. De lütte moje
Deern keek ehren Leewßten niep up be Finger, as he
anfüng, den grisen Klumpen be Hunt aftotrecken, un use
Assesser wunner sick nich slecht, as be up eenmal witt un
rund as en Ei utsehn wörr.

As be junge Minsch mit bat Afpulen fertig wör,
steek he be Halfscheed barvon in'n Mund, be lütte Deern
aber frag neeschierig: „Siend's lakr, Toffel?" „Thahs
siend's," sä he un steek ehr bat annere Stück, bat noch
bampen bäh, in den Mund. Use Assesser aber harr ver-
stahn: „Sinds Kartoffel", un nu wüß he jo, wo be
sonnerbare Spiese heeten bäh. De Annern aber schütten
nu bat unbekannte Gericht in grote Schötteln un ilen
barmit in be Stuw, wo up en groten Disch mit en sloh-
witt Dischlaken Brot, Solt un feine Bottern praatßtünn.
Use Reisende kreeg den besten Plaß neben den Huusherrn,
un bat buur nich lange, so wüß he all mit bat frömbe
Gericht ümtospringen, un em büchbe, bat he in sinen
ganzen Lewen en bäter Gericht nich äten harr.

Den annern Morgen, as use Affesser sübber möß, schenk' em be fründliche Huusvader en Handvull von be grisen Knullen, sä em, wo man be planten möß un to- leßt nenn' he ok ben Namen: „Se heiße Pohm be thär!" Düsse Nam' woll aber usen Affesser lange nich so gob gefallen, als be annere, ben he Abends vörher von be lütte Deern, be sin eegene Leewste so ähnlich seeg, hört harr. He mark sick aber beibe Namen, „Kartoffeln" unb „Pommes de terre", un nöhm mit Dank von be fründlichen Buerslüe Affcheeb. — Als use Affesser acht Dage later an ben ersten Stüerpahl von be hannöversche Grenz köm, stört up eenmal en grimmigen Stüerkeerl up em los un frög em, of he ok verstüerbare Waaren bi sick harr. „Nichts, als einige Kartoffeln!" sä use Rei- senbe, haal en paar von be grisen Knullen ut be Tasch un höl se ben Stüerinnehmer vör be Näs. De keek be Dinger minnachtig an, brumm in'n Bart: „Passiren frei!" un wies usen Affesser be Hacken.

So sünd be Katuffeln bi us inföhrt, un so sünd se to ehren Namen kamen," sä Großvader. „Nu aber mal frisch webber an be Arbeit, Jungens!"

De erste Reis' na'r Stadt.

Hans Jochen Pieper ut Moordörp harr so en lang
upschatenen Jungen von'n veerteihn=fofteihn Jahren, de
twüschen Brodschapp un Melkkamer upwussen wör un sin
Lewe noch nicks von'r Welt sehn harr.   De Junge leeg
sinen Ohlen alle Dage in de Ohren, datt he ok mal na'r
Stadt möch, von de he sick Wunners wat vörstellen däh.

De ohle Buur woll tolest de Driweree nich mehr
anhörn un sä to sinen Jungen: „Good damit, dar schast
Du Di nich lang'n mehr üm sorgen! Morgen in'n Dage
schast Du'r henn, Jan Hinnerk, denn hett dat Flennen
en Enne.   Mudder schall Di den Korw vull Eier un'n
paar Slagen Bottern mitdohn, dat Du nich lebbig geihst,
un denn trittst Du ünnerwegs bi'n Köster vör un fragst
em, of he wat na'r Stadt to besorgen hett.   Un denn
mark di, dat de Stadtlüe vuller Nücken sitt't un us geern
för'n Buren holen willt.   Dar mutt man ümmer an
bat ölfte Gebot denken un sick nich verblüffen laten.
Man wenn Du wat Nees wies weern schölst, dat mußt
Du niepe beholen un mi morgen Abend vertellen.“

As den annern Morgen de Hahnen den Dag intreihden,
stünn de Ohlsche up, söch de Eier von'r Hilgen, tell
se in den Wäenkorw, däh de Bottern in den Dook un geew
ehren Jungen goode Lehren mit up den Weg.

„Süh, Jan Hinnerk, ick hew Di dar dree Stiege Eier
twüschen de Flaßschäwe dahn un twee Stück Bottern in'n
Dook bunnen, daar jedet twee Pund von wägen deiht.
So as Du man eben in't Dohr rin bist, geihst Du an de
Hüser langs un schreest hellut in be Döhren: „Bottern un
Eier!" Wenn Di denn Eener wat afköpen will, bütst Du
upt eerste acht Eier förn Schilling un tolest höchstens
nägen, denn man mut de Priese holen. De Bottern
beihst Du ünnern Mark dat Pund nich weg. Laat Di
aber jo nich anföhrn, denn dar sünb be Stadtlüe fix mit
bi'ber Hand, vör allen wenn se markt, dat se noch
so'n Dummen vör sick hewt. Du könnst ok woll'n Maat
Solt mitbringen; dat läßt Du Di in ben lebbigen Botter=
dook binnen un nimmst Di jo in Acht, dat Du dar nicks
rutfallen läßt. Wenn Du't jichens drägen könnst, denn
möch' ick ok geern en Pund Thran hebben. De lebbige
Bubbel steiht dar up'r Anricht, ick hew em en Segel=
draht üm den Hals bunnen, dar saatst Du börch, denn
lett sick so'n Thranbubbel bäter drägen. Mußt Di ok in
Acht nehmen, dat Du dar nich mit an Din Tüg kummst
un Di schitterig maakst! Kummst Du in'r Stadt, denn
sett ben Thranbubbel man glieks links üm be Ecken bi'n
Kramer rin, be hett goobe Waar. Ünnerdeß Du denn
Din Wark in'r Stadt afmaakst, mitt Di be Kramer ben
Thran in, un wenn Du benn webber na Huus wullt,
haalst Du ben Bubbel webber af."

Jan Hinnerk tröck sin beste Jacken, sin Sönndagsschoh
un sin neen Böcksen an, sett be ruge Mützen up un steil
nu mit Dagweern los.

As he an ben Kösteree köm, stünn be Herr Köster
bör be Blangenböhr un keek na't Wär. „Goen Morgen,
Jan Hinnerk," sä he, „wo wullt Du all so fröh nah to?"

„Na'r Stadt," sä Jan Hinnerk, „un be Ohle hett
mi seegt, ick schöll Jo fragen, of Ji villicht wat to be=
sorgen harrn."

„Dat kummt mi nett topasse," sä be Köster. „Ick
hew hüte Morgen jüst'n Paar Pund Spargels stäken, be
könnst Du mi woll mitnehmen, denn be Stadtlüe mögt
bat Quäkentüg geern frisch. Wenn't Wäer sick man jichens
regeeren will, benn süht bat jo goob ut vandage. Use
Jungens schöllt hüte Bohnen planten un min Froo will
Gaarn kaaken un kann be Magb nich missen. Töw mal
eben, ick will Di be Spargels halen!"

Jan Hinnerk töw en Ogenblick, bät be Köster webber
ut ben Keller köm. „Süh bar, min Jung, bat fünb
jüst twee Pund, ick heff se Di in een Bunb bahn, un
wenn Di eener fragt, benn föbberst Du eerst för't Pund
söß Gröschen, wenn se Di awer afflut man fiew gewen
willt, benn boh se bar man för weg." —

Jan Hinnerk lä be Spargels bi'r Siet in sinen Eier=
korf un braaw wisseweg na be Stabt to. Als he in't
Dohr köm, maak he en paar Ogen as'n Melkpott. He
güng foorts an'n Dohr in be Döhren, wo so'n Keerl in
Uneform upr Bank leeg un as'n Bär snorkbe. „Go'n
Morgen! Will ji Bottern unb Eier köpen?" röp Jan
Hinnerk.

De Keerl aber sprüng up, schnauz em elennig an un
säh: „Du Torfsnut von Jung, sühst Du nich, batt
hier keene Lüe wahnt. Gah in be Stabt, Du ahnwäten
Fent un frag bar sübber!"

Jan Hinnerk schöt tosammen as'n Föer Backsteene,
man he leet sick nich verblüffen, güng siner Wege un röp
in alle Döhren: „Wer will Spargels un Eier köpen?"
Man he könn' upt eerste nicks los weern.

Tolest dröp he nu boch en Man, be en Pund
Spargels hebben woll. „Nehmt se alle," sä be Jung,
„ick heff keen Wachtschaal bi mi, bat ick se von'nanner
wägen könn."

Aber ber Mann woll afflut nich mehr als een Pund
hebben. „Dar heste fief Gröschen," sä he, „un wenn Du

teen Wachtschaal hest, denn nimm Din Mest, Du Dummer=
jahn un snie se mibben dör. Mi kannst Du denn man
be böwerste Halfscheed dohn."

Jan Hinnerk meen, he harr en goden Hannel maakt;
he sprüng up eenen Been vör Freiden, dat de dumme
Keerl man de dünnen Enne nahmen un em de dicken
laten harr. „Dat schall woll strieken," sä he to sick,
„för de dicken Ennen sünd di söß Gröschen gewiß. Man
dar harr he sick doch versehn, denn as he nu de dicken
Ennen anbeeden woll, lachen em Alle ut un sä'n: „Mit
son'n Spargels gah to'n Düwel! Wo Du de Köppe laten
hest, dar bring ok man de Steerte hen."

Gegen Middag wörr usen Jan Hinnerk ganz öwel
to Sinn, em köm Hunger un Döst an. Middewiel köm
he vör'n Hus, darn lange Reege Stuten un'n Korw vull
Tweebäcke vör de Finsterschiewen stünn. „Hier wahnt en
Bäcker, de ok en Weerthschupp hett," sä de Jung, güng
rin un verlang' en Stuten un'n Glas Beer.

In de Stuwen stünn so'ne niemoosche Kaakmaschien
mit en iserne Platten baben up; de seeg us Jan Hinnerk
för'n Disch an. Up sine Wiese wör he klook. „Den Korw
mit Eier," meen he, „settst Du achter den Disch an de
Grund, dar ward he Di so licht nich ümstött; man den
Dook mit de Bottern leggst Du baben up'n Disch, denn
snuppert Di dar de Katten un Hunne nich an rüm."

Geseggt, gedahn! Un denn kröep us Jung achter den
langen Weerthsdisch un leet sick sinen grooten Stuten un
den Kroos Beer goot smecken. As he Stuten un Beer
kuum binnen harr, öwerhaal em de Slaap.

Wildeß Jan Hinnerk gemüthlich indöst' wör, harrn
se von Buten Füer in den niemodschen Aben leggt, un
as he wedder munter wörr, wör sin Bottern heel ver=
swunnen un nicks mehr darvon to sehn, als de smärige
Dook. Dat könn nu use Jan Hinnerk nich begriepen;
he röp den Weerth un jammer; „Söte Gott! Ick harr

bar'n Dook mit Bottern mitten up'n Disch stellt, un nu
ick em wedder söken will, is be Botter bar nich mehr in;
be mutt mi stahlen sien!" Man be Weerth hölp em
ut'n Droom un maak em klar, datt bat en heeten Aaben
wör, un bat he be Bottern man wedder ut'r Aschen
söken schöll. Wat wör to bohn! Jan Hinnerk möß sich
bar in geben; em arger aber Nicks mehr, als bat he
bar nich erst en bögten Snitt von up sinen Stuten bahn
harr, denn harr he em nich so bröge rünner to wörgen
bruukt.

Mit be Bottern wör bat vörbi! use Jan Hinnerk röp
nu blot noch Eier un Spargels in be Straaten ut. Dar
köm denn of richtig en Trupp ohle Wiewer an em ran
un frögen, woveel Eier he för'n Schilling geben woll.
"Achte" säh he, "nägen" be Wiewer; tolest wollen se
Jeber för söß Pennig hebben. Us Jung ging ben Hannel
in; tellde jüm veer Eier to unb slög allemal bat söfte
mibben bör, üm elk een be Halfscheed tobeelen to können.
Man bat wör be Wiewer nich nar'n Mützen; se wollen
heele Eier hebben, un so behöl he sin heelen Eier un be
Döppe barto.

Als Jan Hinnerk so be ganze Stabt börwalzt harr
un nicks mehr verköpen könn, bach he, bat he nu woll
wedder na Huus arbeiden könn. De Köster, meen he,
schöll woll mit em tofräen sien, un be Ohlsche möch sülwst
tosehn, wo se söftehalw Eier för söß Pennig verköpen
könn.

Mit Dunkelweern güng us Jan Hinnerk nu wedder
na ben Kramer vörn Dohr, üm sinen Thranbuddel af-
tohalen. Dar können se awer ben Thran nich glieks
sinnen, denn be Deern, be Morgens up ben Tresen paßt
harr, möß in be Ihl ben Buddel woll irgendwo henn-
stellt hebben, wo he so licht nicht wedder to sinnen wör.

Jan Hinnerk harr jo nu Tied, leet sick en Lütten in-
schenken un söch sick en Platz, wo he sick en bäten bal-

setten könn. En Stool wör dar nich up'r Dählen, man achter be Husböhr stünnen en Paar halwe Tünnen, wo wat in wör, bat use Jan Hinnerk nich kenn. He straak dar mit'r Hand öwer, un fünn, dat dat so hart wör as'n Steen. „Dar kann if woll en Wiel up rasten," dach he un sett sick dahl. Aber as use Jung na en Wiel webber upstahn woll, könn he garnich upkamen. He rücksde un rücksde un keek bald von be cene Siet na be annere achter sick un tröck, so dull he man riten könn, awer be ohl Böcksen woll nich loslaten. Nu füng he an to schreen, datt be Kramer un sine Lüe nich anners meenden, as dat em en groot Unglück öwerkameu wör. As se awer wies wörrn, wat'r loos wör, füngen se Alle an to lachen un be Kramer sä: „Narr von Jung, worüm hest Du Di mit Din Achtervertel of up be Tünnen balsett, Du sühst jo woll, rat dar Pick in is. Wo wi Di dar nu webber rünner kriegen schöllt, dat mag be Herrgott wäten. Süh ins to, of Du nich ut'r Böcksen rutkrupen kannst." Jan Hinnerk probeer dat en paar Mal, wielbeß be grooten Deerns lachen, awer nä, dat güng nich. „Denn möt wi Di woll ben Bobben ut'r Böcksen snien!" sä be Kramer, „hal in's en Scheer, Trinlies!"

Aber dar woll Jan Hinnerk nich an, bat sin nee Sönndagsböcksen so verschännt wörr, un tolest köm of be Kramer up ben vernünftigen Gedanken, em dar rutto= stemmen. He hal en brect Stemmisen un'n Hamer un stemm runb üm ben Platz, dar Jan Hinnerk sastseet, dat Pick los, un as he nu tolest upstahn könn, schrapen se em bat Gröwste rünner von be Böcksen, so goob as bat gahn woll.

Nu harr Jan Hinnerk awer Jhl, bat he weg köm. He betahl, wat he schüllig wör, nöhm sinen Thranbubbel in be Hand un tröck af.

As he bat Dohr achter sick harr, köm em up eenmal be Gedanke, bat he to väl Geld utgewen harr. He nöhm den Thranbubbel bi den Segelbraht twüschen de Tähn, kreeg sin Geld ut'r Taschen un tell dat von eene Hand in de annere. In düssen Ogenblick sprüng dar so'n Schoosterjung em in'n Weg un röp em in't Gesicht: „Lütje Mann, laat't jo den Bubbel nich fallen!"

„Nä .. ä," sä Jan Hinnerk, un batz! da leeg de Bubbel upr Straten un weer in dusend Stücken. He harr dar nich an dacht, datt he den Bindfaden twüschen de Tähn hatt harr.

„Is dat en Unglücksdag!" jammer use Jung, „de Släg, de du nu kriggst, hest du nett verdeent un mußt du bi gefallen laten."

Den Dook mit Solt harr Jan Hinnerk sick int Knoop= lock bunnen, man he harr den Knütten nich fast noog totrocken, un richtig! — ünnerwegens güng de Knutten los un dat Solt leeg miteens in'n Dreck. He raal dat nippe webber tosamen, aber swart worrn wör dat doch. Dat maak usen Jan Hinnerk awer keenen Kummer. „Wenn Du na Huus kummst," sä he to sick, „denn smist Du dat Solt in'n Ammer dull Water un waschst dar den Dreck rut, denn is dat webber jüst so good, as dat wäsen is."

As he sübber köm, da begegen öm en Mann to Pärd mit'n groten Jagdhund, de dar bi an löp.

„Is de Hund joe, Herr?" fróg em Jan Hinnerk.

„Ne," sä de annere, „ick bin den Hund sin Herr!" Un weg wör he. Jan Hinnerk freide sick un meen, dat wör en lustige Geschicht för sinen Ohlen. —

Gegen Abend köm Jan Hinnerk an de Kösteree.

„Hest Du de Spargels verköfft?" fróg em de Köster.

„Ja," sä Jan Hinnerk, „de Halfscheed för fief Gröschen, as Ji mi seggt harrn. De annere Halfscheed heff ick webber mitbröcht, un noch darto be dicksten Ennens; de wollen de dummen Lüe nich köpen."

De Köster lach un verbeet sinen Arger, denn he höll gobe Fründschup mit Jochen Pieper. He sä: „Wat de Deensten nich kennt, dat nützt be Herschup nicks!"

Als Jan Hinnerk nu an't Huus köm, frög de Ohlsche, wo em dat gahn wör. „Mit den Köster sine Spargels all goob, sä he, man mit de Eier nich un de Botter ok nich." Un nu vertell he sin bebröwten Geschichten. „Man wo is denn dat Solt?" frög de Ohlsche wieder.

„Dat harr ick in't Knooplock bunnen, man de Knutten reet mi ut, un batz! leeg dat in'r Wagentroor. Ick heff dat aber vörsichtig webber upnahmen, man et wör doch recht swart worrn, un berwegen däh ick dat in'n Ammer Water un woll't webber rein spöleu; awer as ick dat webber rut fischen woll, dar wör et smulten. Ick denk, de Schaden is so groot nich, denn wenn Ji süß en Hand= voll Solt in'n Pott smäten hebbt, denn künnt Ji nu jo man en Schleef voll Soltwater dar in dohn!"

„Ick will Di bi Schleef," sä de Ohlsche, un se woll heel vör Arger basten, as se nu ok noch de Geschichte mit den Thranbubbel hören möß. Den Jungen sin Glück wör, datt de Ohle darto köm un to'n Goben snackte. He meen, sin Jan Hinnerk wörr mit de Tied woll ver= nünftiger weern, un frög em, of he denn süß nicks Neees hört harr?

„Ja," sä Jan Hinnerk, „dat gifft in'r Stadt höll'sch kloke Lüde. Mi begegen so Een to Pärd, de en unwäten groten Hund bi sick to lopen harr. Ick frög ben Mann: „Is de Hund joe, Herr?" Un wat meenst Du, wat seggt he? „Nee," seggt he, „ick bin ben Hund sin Herr!"

„Wenn Du anners nicks weest," sä de Ohl, „dar harr't Di nich üm na'r Stadt to schicken brunkt, so kloofen Bescheed harr ick Di ok gewen künnt!"

„Dat möch' ick woll hören," sä Jan Hinnerk. „Wenn't Kind böfft is, will Jedereen Gevadder spälen!"

De Ohl smeet sick in de Bost as'n Pagelun un sä: „Dar hinnen geiht use Äsel — nu frag mi ins!"

Jan Hinnerk frög: „Is de Äsel joe, Vader?"

„Nä," sä de Ohl, „ick bin den Äsel sin Vader!"

„Denn is jo de Äsel min Brober," lach Jan Hinnerk.

Dat wörr denn boch be Ohlsche to bull.

„Äsels sünd Äsels un blievt Äsels, of se twee Been hewt ober veer. Wenn ok use Grise Din Brober nich is, so könnst Du boch allbaag sin Brober wäsen, denn klöker as he bist Du ok nich!"

(Nach Lyra.)

Jan Balster un dat Spöek.

„Kinners," sä de ohl Jan Balster ut Vahl, as he
eenes Sönndags Abends noch üm Klocke Teihn in Krusen
Weerthschup to Finteldörp seet, „nu is't aber ut in'n
Doom; nu späl ick nich mehr mit!"

„Wat?" sä Stuten Gorg, „nu Du wunnen hest un
Di dat Geld in'r Taschen klötert, nu wullt Du nich mehr
mitspälen?"

„Ji hewt goob snacken," anter Jan, „ji wahnt hier
in'n Dörp, ick mutt aber noch'n halwe Stün'n lopen, un
noch dato bör de Ahnhoft, wo dat so wie so nich ganz
richtig is!"

„Wat seggst Du, Jan? Dar schöll dat nich richtig
wäsen?" frög een von sin Dischnawers. „Is Di dar
wat passeert?"

„He hett Recht," füll Hinnerk Winselmann in, de för
den gröttsten Spöekkieker in'n Dörp holen wörr, „richtig
is dat dar nich. Als Claasen Vader vörleßen Harwst bi
Nacht mit sin Spannwark bör de Ahnhoft föhr, köm dar
up eenmal en gräsige Füerkugel ansusst mit'n Steert so
lang, as Lewerenz sin Kind, un dicht bi em slög dat
Spöek dahl un stöw in dusend Funken ut'nanner. Sin
Pär güngen bör, un he harr sin leewe Last, datt se
nich mitsammts em un den Wagen in'n Graben störten.
Na, ji wät jo, Wihnachten lä he sick to Bedd un Neejohr

wör he boob. Ick harr em datt vörher seggt, datt dat nicks Goodes bedüden könn. Awer vertellt doch, Balsters Vaber, wat is jo benn dar passeert?"

„Ja, datt möt't ji vertell'n," sä Stuten Gorg.

„Wenn dar noch'n lütten Klaren up stahn kann," sä Jan un keek be Rege langs.

„Woll wis," sä Gorg, „ick will'r noch eenen up utgäwen! Krusen Vaber, schenk us noch in's en Lütten in!"

De Spälers smeeten ehre Kaarten up'n Disch un rücken nöger ran, üm nicks von be nee Spöckgeschicht to öwer= hören. Jan Balster bäh en langen Tog ut sien korte Pipen, leet ben Sluck henbalglieben, sett sick in Posentur un süng an to vertellen:

„Dat mögt nu all'n Jahrer twintig her wäsen, so unge= fähr üm Veerunsöbentig rüm, up'n Sönnabend vör Ostern, da maak min Ohlsche sick up'n Namibbag fien, üm noch in's na Finteldörp to gahn. Se woll mi bi Snieder Heins en nee Böcksen köpen. Mi woll se ben Weg nich gahn laten, wiel se meen, ick könn nich hanneln, of möch se mi nich dat Geld anvertroon, wiel ick woll mal in's staats mit be Waar, de ick halen schöll, mit'n lütten Booß na Hus kamen wör.

Dat kummt aber saken anners, as man denkt. So of an düssen Sönnabend. Min Ohlsche glitt mi up'r Dählen ut un verstuukt sick ben Foot. Nu möß se mi boch sülwst na'n Snieder gahn laten, wenn se nich woll, datt ick de Osterdage von'r Kerken to Huus blieven schöll, denn ut min anner Böcksen harr ick heel dat halwe Gabb verlaren; dar könn ick mi nich mehr mit sehn laten.

Ehr se mi awer gahn leet, harr ick noch'n Predigt öwer min Verborwenheit antohören. „Jan," sä se, „hol Di nu in Gottes Namen stark un laat Di nich webber wie lesthenn, as Du de heele Nacht utbläwen bist, dör ben bösen Feend verleiten. Hier hest Du twee Dahler un twölf Schilling för de Böcksen; betahl se glieds, gah nich in'n Weerthshuus un besuup Di nich webber. Kummst

6

Du goob nüchtern webber, benn schaft Du of en leckern Sluck von minen söten grönen Brannwien hebben, den mi Heitmanns Vaber von Hamborg mitbrocht hett, un'n Woftbobberbrob barto. Versprickft Du mi bat?"

„Woll wiffe," sä ick. „Glöwst Du villicht, batt ick bat Geld för min eegen Bögen verbrinken will. Giff mi man noch en Duwwelschilling för'n Vertel Taback mit, benn will ick Di so bröeg webber na Huus kamen, as'n Bratzwetschen!"

Man bat sä ick nich blot öwern Harten weg, ick meen bat warraftig so. Aber be Düwel sleppt nich, he stellt ben Minschen öwerall Fallstrikken. Ick köm glücklich hier na'n Dörp her un of na ben Snieder sin Huus köm ick, ohne intokehren, aber kickt ins: be Snieder wör mal eben na Brummer gahn, üm sick en lütten Sluck to köpen.

Kumm, bach ick, Du schaft em eben halen, bat Du webber na Huus kummst!

Na, as ick in be Weerthsstuw kam, sitt bar mi'n leewe Snieder an'n Disch un spält mit Ritschen Ohlen un en paar annere Rawers Napolion. Se spälen höllschen hoch; be Snieder harr wunnen un sin knifflich Gesicht wör vör Freiden so roob as'n Teigelfteen. — Nu wören be Poppen ant Danzen!

De Snieder woll mi mit Gewalt mit'n lütten Köben traktiren; ick möß sitten gahn un mit bohn un as ick sä, batt ick aber nich mitspälen woll, grien be Slüngel von Snieder un sä: „He dröff nich! He is bang, bat he von sin Ohlsche wat vör be Böckfen kriggt, wenn he webber na Huus kummt" — un wat so'n fule Snäkke mehr wören.

Dat maak mi vergrellt, un wiel mi babi noch be Düwel inblasen bäh, batt ick eben so goob winnen as verleeren könn, waag ick ben Dubbelschilling för minen Taback un späl mit.

Ick harr wunnen! — Webber sett ick in, un webber harr ick wunnen! Ick sett' bat Duwwelte — webber

wunnen! Noch ins — un noch ins — dat wör grade
as wenn ick gar nich verleeren könn. Töw, dach ick, ick
krieg noch min nee Böcksen free, un späl dar up los
as so'n Baron, bät ick warraftig twee Dahler wunnen,
un darbi natürlich een Glas Brannwien öwer dat annere
drunken harr.

„Noch in's," sä be Snieder, un mi möß be Düwel
rieben, dat ick up'n Disch hau un sä: „Man to, aber
nich ünnern halwen Dahler!"

Man dar kehr be Kaarte üm, un dat duur keen
halwe Stünnen, da wör nich blot dat wunnen Geld, ne,
ok dat Geld för min Böcksen un min Vertel Tabak mi
dör be Finger lopen. Ut Ärger drünk ick en Sluck, —
benn noch eenen — un benn kreeg ick Striet mit ben
Snieder von wegen dat Betahlen — un toleft kreeg ick
Prügel. To allerleft füllen se alle öwer mi her un
smeeten mi ut be Döhr rut.

Wat schöll ick anfangen? De Böcksen harr ick nich,
ben Tabak nich, un min Geld ok nich. Daför harr
ick'n paar Bulen an'n Kopp un en Snitt in't Ohr, süs
wör ick aber noch ganz kompabel.

Na, denk ick, dat Beste is boch, datt ick na Hus gah
un mi upt Ohr legg! So stäwel ick benn bi vullen
Maanbschien un klare Lucht ut Fintelbörp rut, na Vahl
to. Sehn könn ick ganz goob, be Weg wör ok licht to
finnen, un boch, benkt jo Kinners, as ick öwer bat
Westerfeld nah be Ahnhoft kaam, hew ick up eenmal ben
Pabb verlaren. Ick kiek un kiek un stäwel vörwarts, bät
ick up eenmal marken boh, bat ick mibben in'n Moor bin
un bicht vör so'n grote Törfkuhlen stah. Ick kehr webber
üm, treeb vörsichtig von eenen Bülten up ben annern,
man ick könn nich webber up ben rechten Weg finnen,
un up eenmal seet ick up so'n groten Bülten un könn
nich sübber — bör mi, achter mi un beneben mi wör
nicks as Moor un Water.

Dar seet ick nu bedrömt up den Bülten un dach an min Hus un an min Ohlsche, un ick simuleer, wo ick ehr dat am Besten mit de verdammte Böchsen klar maken schöll, man ick könn eben sowenig en Uttweg sinnen, as von min Bülten rünner wedder up dat faste Land kamen. Von all dat Nahdenken suus un bruus mi dat in'n Kopp, datt mi höll'schen benaut to Moob wörr.

Up eenmal hör ick dar so'n eegen Luub öwer mi, dat ick vör Schreck na baben kiek. Wups, wups, wups! güng dat, un kiek ins, dar lett sick so'n fiew Schritt vör mi up eenmal so'n groten Vagel up't Moor dal. Warraftig, dat wör en richtigen Aebär. Un nu stappte he up mi los, jüst as ohl Schulten Meyer mit sin bünnen Been un sin robe Näse.

„Dag Jan!“ sä he.

„Dag, Langbeen, wo geiht Jo dat noch?“

„Bäter as Di, Jan; mi bücht, Du hest Di dar en ganz gefährlichen Platz utsöcht!“

„Datt ick nich wüß!“

„Na, de Bülten dar schall bald ünner Di wegsacken, Din Böchsen ward doch al örnblich natt wäsen!“

„Dunner, Ji hebbt Recht“ sä ick un fahr vör Angst in de Höchd. „Man wo kaam ick ut dat versligte Moor wedder rut?“

„Hör ins, Jan,“ sä de Aebär, un dat wör heel as wenn he dar en scheew Mul bi tröck, „hör ins, bliwst Du hier noch'n halwe Stünn sitten, denn is dat ut mit Di. Laat Di ra'en un maak, dat Du wegkummst!“

„Ji hebbt good snacken,“ sä ick un böer bold dat eene, bold dat annere Been in de Höchd, üm noch ümmer deeper int Moor to sacken, wo schall ick dar aber rutkamen?“

„Jan,“ sä de Vagel, Du hest dat eegentlich nich üm mi verdeent, datt ick Di help, Du weest woll, worüm!“

He harr Recht, un Ji schöllt naher woll noch wies weern, worüm. Ick schäm' mi un leet den Kopp hängen.

„Wenn ick Di dorüm doch helpe, so doh ick dat blot üm Din fromme Froo un Din lütten unschülligen Kinner! Kumm her, sett Di up minen Puckel, denn dräg ick Di ut'n Moor an Din Huus."

„Dat is fründlich un kristlich von Jo, Meister Lang= been, man ick hew in minen Lewen noch nich hört, dat'n Kristenminsch up'n Puckel von'n Aebär hör de Lucht flagen is! Künnt Ji mi denn ok drägen?"

„Daar laat mi för sorgen, Jan," sä de Vagel. „Wenn Du aber noch lange dumm Tüg snacken wullt, denn gah ick miner Wege un laat Di sitten." Un richtig, be Fent füng an to wüppen mit sin langen Been, as woll he afrutschen.

„Na, denn in Gobbs Namen," sä ick un güng up sinen Puckel sitten, un — wups — güng he in de Höchd. Dat duur nich lang, da wören wi in Vahl baben usen Huse.

„Fründ Aebär," sä ick, „wenn Ji so fründlich sin wüllt, denn künnt Ji mi nu man up mien Strohdack setten, denn klatter ick dör de Luken upn Hauböhn!"

„Hol de Snut, Jan," fahr he mi an, „ick schall woll sülwst wäten, wat ick dohn will!"

So'n verflixten Vagel, sä ick bi mi, wer harr dat dachd, dat de so'ne Knäpe in'n Kopp hett! Middewiel awer güng dat ok al höger un ümmer höger, un dat duur nich lang, da wören wi dicht bi den Maand.

To minen Schreck flög de verdammte Aebär ümmer nöger mit mi an'n Maand ran. „Leewe, beste Fründ," röp ick vör Angst, „ick bin warrastig garnich neeschierig, to wäten, wo dat up'n Maand utsüht. Laat Jo bebüben, bohlt mi den eenzigen Gefallen, sett' mi bal, wo Ji willt, man nich hier!"

Man de Aebär geew mi keen Antwort, he flög nöger un nöger an'n Maand ran. De Maand wörr denn ok ümmer grötter un witter, un ick könn bütlich sehn, dat he eegentlich nicks anners wör, as'n mächtigen Sneeball, mit'n dicke Näse da vörn upbackt un mit dree deepe Löcker an de Stäe von Dogen un Mund.

„Wups!" sä de Vagel, un wi wören up'n Maand.

„Un nu," seggt he, „kumm rünner von minen Puckel, ick mut'n Dogenblick utrusten, ick bin so möe as'n Hund!"

Na, ick leet em los un güng up'n Maand sitten, de von Snee wör, man so hart as'n Steen un so koold, dat ick min Lew lang noch nich so'n Küll an de Böcksen föhlt hew.

„Süh so, Jan," sä de Aebär un grufflach, „hest Du nu noch wat to bestellen an Din Froo, denn segg mi Bescheed, awer gau, ick will to Neest!"

„Awer beste, beste Aebär!" sä ick, „Ji willt mi hier doch nich up'n Maand sitten un verklaamen laten!"

„Wer hett mi de Eier ut'n Neest stahlen dree Wäken lang, un hett dar Pannkoken von backt?" sä de Aebär un kiek mi ganz fünsch von'r Sied an.

„Awer beste Fründ, ick hew dat jo nich slecht meent," stöhn ick vör Angst.

„De Deew bist Du wäsen, Du Düwelskind," sä he, „un to'n Dank davör — Abbjüs!" — Wupps! wör he weg, un all min Schreen un Ropen hülp nicks mehr.

Dar seet ick denn up'n Maand un mi fröer, datt mi de Tähn in'n Munne klappern. Un dorbi könn ick noch jeden Ogenblick von minen Platz rünnerrutschen, denn dat Dings wör so glatt as'n tinnern Schöttel. Glücklicher= wiese wör an de linke Kant von'n Maand son'n grooten Staken, wo fröher woll mal en Weerthshuusschild an hungen harr, dar höel ick mi an fast.

So seet ick dar in min Noth un wüß nich, wat ick anfangen schöll. Up eenmal knarr en Döhr mitten in'n Maand, recht wo de Näse sitt, un wat meent Ji woll, wer dar rut kummt? De Mann in'n Maand.

He wör man en lütten Keerl, nich grötter as so'n Schoolkind; aber he harr en langen witten Bart un ünnern Arm bróg he en Bund Bessenrieser. Darbi harr he en mächtig grote Plüttmützen up'n Kopp, un mal en Gesicht so grammieterig, as bree Daag Regenwäer.

„Dag Jan," sä he, „wo geiht Jo dat noch?"

„Danke, min Herr, wo geiht Jo dat sülwst?"

„Goob, Jan Balster! Aber wat willt Ji hier?"

„Sitten, blot en bäten sitten, wenn Ji dar nicks gegen hewt! Man min Bank hier is verbüwelt koolb: Schöll ick hier nich en Glas Krock oder doch en lütten Sluck kriegen könnten?"

De lütte Keerl schübbel den Kopp. „Wi schenkt hier baben nich mehr," sä he, „de hoogen Weertschaftsafgaben kaamt ba nich mehr bi rut. Aber nu maakt, datt Ji mi hier von'n Hoff kaamt!"

„Och Herr," röp ick, „beste Herr, harr de Aebär mi nich so schändlich anföhrt, denn seet ick hier nich baben, denn leeg ick all lange to Huus in'n Bedd!"

„Snackt, wat Ji willt, Jan, dat kann Jo hier nicks helpen. Up'r Stäe maakt, dat Ji hier wegkaamt! Willt Ji, oder willt Ji nich!"

„Ne," röep ick, „maakt wat Ji willt, ick bliew hier sitten!"

„Goob," seggt de Fent, „dat willt wi doch mal sehn!" In'n Oogenblick wör he weg un in'n annern Oogenblick wör he wedder dar, büttmal mit'n mächtig groot Biel in'r Hand. Nu sprüng he up mi los un hau mit dat Biel gegen den Staken, wo ick mi an fastholen möß.

„Minsch, verflixte Keerl," schree ick, „sünd Ji ahnwäten!" Man bar kehr de Fent sick nich an, baß hau he mit sin Biel to, denn nochmal, und kre.. kri... kra...krax sä de Staken — und wi rutschten af, ick vörup, de Staken achterher.

„Schriewt in's Jan, of Ji goob öwerkamen sünd," schree de leibige Fent, as ick koppheister bör de Lucht flög. Ick dach nich anners, as datt dat nu mit mi to Enne güng, un dat wör ok woll sicher wäsen, wenn nich up'n Mal en Köppel wille Göese an mi vörbi flagen wör.

„Süh da, Jan Bassen," sä de Ganner, de vörup flöeg, „mi dücht, dat Ji in't Fallen kamen fünd."

„Woll wiß," sä ick, „un dat nu woll all'n teihn Minuten! Ich bin von'n Maand full'n!"

„Dat kann so nich fübber gahn, Jan," sä de Ganner. „Griept mi an min Föet un holt Jo fast."

Dat däh ick denn ok un nu güng dat ganz sachens na ünnen. Man tolest röp de Ganner: „Laat mi los, Jan, ick kann nich mehr! Laat in'n Ogenblick los, oder Ji schöllt Jo wunnern."

Laat em man snacken, dach ick, un höel mi stramm fast. Man wat däh dat leege Deert? Kwak — kwak güng dat, un vör Schreck leet ick los; de Ganner aber wör in'n nögsten Ogenblick nich mehr to sehn.

Glücklicherwiese wör ick nich hoch mehr in'r Lucht, un noch glücklicher wör't, datt ick grade up den Heidklump vör use Missendöhr to liggen köm.

Dat ick düsig un möe worrn wör von den Fall, könnt Ji denken, un dat ick Rauh nöbig harr, ok. Ick woll mi denn ok nett torecht leggen un en bäten dusseln, man dar wörr nicks von, wiel min Ohlsche buten de Döhr keem.

„Bist'e daar, Du versaapene Tuuneegel," sä se. „Töw, ick will Di up de Beene bringen." — Un ehr ick noch vertellen könn, wat ick för'n gefährliche Reise maakt harr, da harr ick ok all twee Ammer Water öwern Kopp.

Se hett dat ok nie nich glöwen wollt, wat ick in de Nacht utstahn hew. Un noch hütigen Dags, wenn se en wille Goos fleegen füht, denn tarrt se mi darmit un seggt: Kick ins to, Jan, of de Ganner Di nich'n Böcksen von'n

Maand mitbrocht hett! Ja, Kinners, so wat kann en unschülligen Minschen bi Nachttid allens passeern." —

Jan Balster drünk sinen Sluck ut, sä „Go'n Nacht" un güng ut'r Döhr.

„Hett de Keerl us webber mal mit sin Geschichtenvertellen to'n Besten habb," sä Stuten Gorg un slöeg mit de Fuust up'n Disch. „Dar geiht he hen mit sin wunnen Geld in'r Taschen. Harren wi fübber späelt, denn harren wi em dat sicher noch webber afnahmen!"

De Bullenbieter.

Ohl Goldſmed Voß to Allerſtadt ſeet Namiddags ſo üm Klocke veer in ſinen lütten Laden an'r Grotenſtraat un wör ſlibig darbi, en Broſchen von böhmſche Granaten to ſliden, dar be Fro Amtsſchrieverin noch Abends mit upn Faſſelabendsball gahn woll. Up eenmal ſtörtt dar hulterbipulter en groten ſtämigen Keerl mit'n gräſig groten Bullenbieter in ben Laden, de ohne Umſtänne un ohne mal to gröten em mit grawe Stimm anhalen bäh:

„Hör mal, lüttje Mann, he muttt mi be Täwe hier en Stunner twee uphäwen. Ick hew en Weg to maken, wo ick bat Veeh nich mit hen nehmen kann.“

„So, ſo!“ ſä ohl Voß ganz ſpietſch: „Mit Verlöw, mit wen hew ick benn de Ehr —“

„Ick bin be Amtmann Growmeyer ut Grawenhuſen. Ick bin ins to Foot na'r Stadt kamen un bar is mi bat Veeſt nahlopen.“

„Dat ſüht man woll an ehr beiben Föten, wo noch Klei noog anhängt, ſo batt Se mi ben ganzen Laden brecig maakt!“

„Och, bat beiht nicks, ben kann he jo licht webber ſchrubben laten!“

„So? bör wen un üm wat? Ick hew Nüms as min Süſter, be mi ben Huusholt föhrt! Un bar verlangt Se boch woll nich, batt be ehren Dreck utfegen ſchöll?“

„Denn kann he dat jo man fülwst dohn!"

„Na, ick mark woll, datt Se de Amtmann Grow=
meyer fünd, un mutt Se bibben, mi nich He to nömen
un fick mit ehren Hund to'n Düwel to scheern!"

„Och watt! De Täwe möt't Se hier beholen, un
datt Se vör dat Beest fäfer fünd, binn ick dat hier mit
be Linen an dat Abenbeen!"

„Sparen Se fick be Möte! Gören un Hunne kann
ick nu mal nich utstahn. Glief binnt Se mi dat Veeh
webber los ober ick doh dat fülwst un gew öm noch wat
up ben Loop!"

„Hahahahaha! He fritt von Nüms anners as von
mi un minen Lüben."

„Herr! Ick scheet öm bod — ick schick na'n Filler —"

„Och watt! In eene Stünn ober twee hal ick ben
Hund unverseerd webber af, un darmit is't ut! —"

Dormit löp Growmeyer lachend to'n Hufe rut. Ohl
Voß, de fick vör Ärger nich to laten wüß, schree achter
em her, awer dat hülp Allens nicks. De gräfige Täwe
leeg faft an dat Abenbeen un gnurr, un as Voß fick an
em ranmaken woll, fprüng he up un wies em be Tähn.
Ohl Voß wüß nich, wat he anfangen schöll, denn he
könn nich mal achter finen Warkbisch achterut, ahn datt
de Hund em faten könnt harr.

Ohl Voß fin Süster, de von'n lütten Babberfnack
up be Nawerschup to Huus köm, schree luut up, as fe
dat Unbeert to fehn kreeg, un feeg, wie ehren leewen
Brober vör Ärger un Angst be paar gälen Tähn, be
he noch harr, inn Munne klapperten. De Täwe awer
gnurr ümmer luber, wiel fe keen ohle Jungfern utstahn
könn, un tolest füng fe an to bellen un to hulen, datt
dat Huus bäwen däh. Woll ohl Voß ut finen Laben rut,
fo möß he woll ober öwel unnern Labenbisch börchkrupen,
üm ficher ut be Döhr to kamen.

In düssen Ogenblick köm en junge Deern in den
Laden, üm de Broschen för de Fro Amtsschriewern af=
tohalen. As se den Hund to sehn kreeg, steegen ehr de
Haar to Barge un se prall bet an de Döhr trügg: „O
Guttegutt, dat is jo Amtmann Growmeyer sin lege Bullen=
bieter! De ritt Minschen un Veeh kaput, wenn he los=
kummt." De Hund awer huul un bellde noch jümmer
duller.

„Och," röp ohl Voß, „wenn he man nich den heelen
Aben ümritt!"

Se flüchten nu alle ut den Laden un leeten den
Täwen dat Riek alleen. Voß un sin Süster löpen von
een Döns in de anner un wüssen nich, wat se anfangen
schölln. Un darbi leet sick up de Straat ok nich een
handfasten Keerl sehn, de jüm harr von dat Unbeert er=
lösen könnt. Tolest gewen se sick dar in, dat se de
Stünn tolwen wollen, bät de Amtmann webberköm. In
Angst un Upregung löp de Stünnen hen, man keen Amt=
mann leet sick sehn, ok nich na twee Stünnen, un sülwst
nich, as dat Abend wörr. Ohl Voß schimp un flök un
sin Süster ween dartwüschen, man de Bullenbieter huul
un spektakel noch mehr as de beiden mitenanner. Ohl
Voß tröck nu sinen Sönndagsrock an un löep na de Polizei,
man de Polizei wör nich to finnen, de ganze Polizei=
gesellschaft wör upn Fasselabendsball. Up de Straat vör
Voß sinen Huse awer stünn datt Kopp an Kopp von Kinnern
un Froonslüden, de sick öwer den Hunnespektakel lustig
maken, man nich eener von jüm harr de Kurasche, mit
den Köter antobinnen.

För de välen Neeschierigen wörr denn ok tolest de
Geschichte wat ohles, se güngen gegen Klock Teihn een
na den annern na Huus un in de Klappen un leeten
Voß un sin Süster mit ehren Jammer alleen. De Beiden
harrn de Ladendöhr von buten tobunnen, wiel se Angst
harrn, dat de Täwe sick losrieten oder gar den isern Aben
ümrieten un denn allens Lebennige in'n Huuse dobbieten

könn. Bör Angst flüchten se sick de Trepp rup in soen lütte Dönns, denn de Hund könn jo, wenn he sick losrieten däh, dör de Ladenböhrschiewen springen un Allens terrieten. Peter un Pus, Vossens Süster ehr beiden Katten, möllen sick tor Börsicht ok mit in be Bawendöns insluten laten.

Bawen seet nu ohl Voß un keek alle Ogenblick ut'n Finster, of de grawe Amtmann noch nich kamen woll. Awer datt slög von'n Johannsthoorn Een, Twee, Dree — un keen Amtmann leet sick sehn. Daför schimpen be Lüe in de Nawerschup, wat dat Tüg holen woll, up den unschülligen Voß un sin Süster, wiel se bi den Hunneschandal nich slapen können.

Als Voß nu jüst webber ut'n Finster keek, wörr in be Wirtschaft gegenöwer dat Hoffdohr apensclaten un den Weerth sin grote stämmige Knecht köm up de Straaten. Ohl Voß röp em an, klag em sine Noth un bäe em üm Goddswillen, em un sin Süster ut be Noth to helpen, wenn he helpen könn.

De Knecht köm nu röwer un seeg sick den Köter an, be all schier vör Hunger hulen däh. „Dat is en gefährlichen Keerl," sä de Knecht, „awer ick löw, use Huuskater schall em doch woll den Damp dohn. Söken Se mi mal son grote Heckenscheer her, ick bün glieks webber hier."

Dat duur keen dree Minuten, da wör be Knecht webber tor Stäe unb drög en groten Kater ünnern Arm, be bi dat Hunnebellen to prusten un to gissen anfüng. „Nu alle Döhren up," röp de Knecht unb güng den Bullenbieter intomööt, be mit apen Rachen up den Kater los woll, man de Strick snör em den Hals to un den isern Aben könn he doch nich ümrieten, be stünn faster, as so'n necmodschen hannöverschen Karkthorn. Nu leet be Knecht sinen vergrellten Kater los, be mit gröne Ogen un krummen Rüggen up be Täwe sprüng un sick in be ehren Nacken

faſtkrall unb faſtbeet. O weh, wat geew bat förn Ge=
ſchricht; bat grote Unbeert von Bullenbieter maak en Ge=
jammer, aß wenn he krepeeren ſchöll. In büſſen Ogen=
blick nöhm be Knecht be Heckenſcheer un ſneeb be Linen
af, un mit eenen Sprung wör be Täwe mit ben ver=
grellten Kater in'n Nacken ut'n Huſe, un noch in be
Feern hören Voß unb ſin <u>Süſter</u> bat Beeſt jammern un
hulen.

Brober un <u>Süſter</u> <u>freiben</u> ſick nich ſlecht, bat ſe be
Täwe loßwören, man in ehre Freibe vergeeten ſe ganz,
ben Knecht en Drinkgelb to gewen, ben ſe wören Beibe
man en bäten nährig. Se ſlöten nu ehre Döhren to un
güngen to Bebb. Dat wör mibbewiel Klocke Veer worrn.
Jüſt awer harrn ſe be Ogen tomaakt, ba bumß bat ünnen
gegen be Finſterlaben un en grawe Stimm röep:

„Webber, wo iß min Bullenbieter! De huult un
bellt jo garnich mehr!“

Ohl Voß ſprüng up un güng an't Finſter: „Wen
hätt be Düwel benn bar all webber?“

„Mi, ben Amtmann Growmeyer ut Grawenhuſen!
Wo iß min Täwe? Maken Se up!“

„För büttmal nich, min grawe Herr Growmeyer!
Wo können Se en Kriſtenminſchen woll ſo'n Arger
maken?“

„Na, wat iß'r benn mehr! Ick wör upper Maß=
krabe, wo ick boch minen Köter nich mit hennehmen <u>könn</u>!
Nu maken Se awer in Goen be Döhr up, ober ſe ſchöllt
wat belewen!“

„Na, wat woll he mi benn, Herr Growmeyer! Sinen
Täwen warb he woll nich heel un geſunb webber to ſehn
kriegen!“

„Himmelmillionenbombenkrüzbönnerwäer!“ ſchree be
Amtmann. „Wo iß min Hunb!“

In büſſen Ogenblick awer ſaat em en Hanb in ben
Arm, be wör faſt aß en Schruwſtock. „Man nich to

luub, min grawe Growmeyer! Up sine Täwe is min
grote Kater, de dar jüst so munter webberkummt, to'n
Allerdohr nuträben! Un wenn he mit sinen besapenen
Steert nich bold stillswigens den Bullenbieter folgen deiht,
denn will ick em Beene maken!"

Darbi krempel de stramme Knecht sin Hembsärmel
up. Amtmann Growmeyer awer sä keen Woort mehr
un löep, wat he könn, to'n Dohr nut.

Wi willt hapen, dat he gesund na Huus kamen is!

Meister Stuckenschmedts Sängerfahrt.

Vör twee Sommern wören wie mal mit en ver=
gnögte Sellschup in be Heide reist un harrn dar ünner=
wegs up dat holperige Stratenplaster von W., en lütt
Dörp in'n Sticht Verden, Mallöhr hatt un be Wagen=
bießel braken. Wi möſſen bi ben Smett in'n Dörp, be
ok lieker Tied Stellmaker wör, inkehren un uſen Wagen
flicken laten. Wiel nu Meiſter Stuckenſmedt, en lütten
ſtäwigen un runnen Keerl mit en frünblich glattraſirt
Geſicht, bi be Arbeit wör, ſetten wi us vör bat Weerths=
hus up be annere Siet von be Straat ünner ben groten
Linnenboom un verdreewen us be Tied mit Beerdrinken
un Singen, ſo good bat gahn woll. Meiſter Stucken=
ſmedt leet ſick babörch in ſien Arbeit nich ſtören, he
ſtimm mit ſien mächtige Baßſtimm luſtig in, ünnerbeß
he be Wagendießel wedder in Stand bringen däh. As
he fertig wör, köm he röwer, kreeg ſin Geld un noch'n
Glas Beer barto. Ick frög em, of he ok Sänger wör,
un ba vertell he us ganz ſtolz, bat he to ben Geſang=
verein „Apollonia“ gehör, ben be Köſter Holtmann in'n
nögſten Kerkdörp dirigiren däh, wiel be Schoolmeſter in
W. nicks för ben Geſang öwer harr. Meiſter Stucken=
ſmedt ſüng, wie he noch vertell, tweeten Baß, un wör

toglief Präsendent un Cassirer von den Vereen, de twölw Mann, dree erste un dree tweete Tenors un ebensoväl Mann in'n ersten un tweeten Baß tellen däh. Wi wünschen den fründlichen Mann un sinen Gesangverein dat beste un maken us, da mibbewiel be Pär vörspannt wören, webber up be Reise.

Vör veer Wäken nu, as ick jüst mit de Iserbahn na'r Stadt fahren woll, dröp ick in'n Kupee en lütten stäwigen un ünnersetzigen Keerl mit'n glattrasirt Gesicht, be mi ganz bekannt vörköm, mi ok en ganze Wiel fründlich angrienen däh.

„Se kennt mi woll nich mehr?" füng upt leste min Gegenöwer an.

„Ne," sä ick, „ick weet Se nich hentobringen, wenn Se mi ok ganz bekannt vörkaamt."

„Ick bin Se jo de Stellmaker Stuckensmedt ut W."

„Och so," anter ick un geew em de Hand, „de Prä= sendent un erste Baß von den Gesangverein „Apollonia", be us vör twee Jahren in W. mal de Wagenbiessel webber tosamenflickt hett."

„Ganz richtig," nickoppte be fründliche Mann, ick sing awer tweeten Baß un bin ok Cassirer!"

„Nicks för ungood," sä ick, „ick könn mi dar in'n Ogenblick nich glieks up besinnen. Na, denn kamt Se ok woll mit ehren Verein in'n nögsten Sommer to dat grote Sängerbundsfest na'r Stadt?"

Öwer dat fründliche Gesicht von Meister Stucken= smedt slög en Schatten. „Ick weet nich," sä he, „in be ohlen verflixten Sängerfahrten heff ick'n Haar in funnen un min Anntrin meent of, ick schöll mi dar nich webber up inlaten, wiel mi be Pingstfahrt vörlenen Jahr doch so slecht bekamen wör."

Meister Stuckensmedt seeg ganz bedrömt ut un mit sin Redseligkeit wör dat up eenmal vörbi. Vörsichtig frög ick, wat em denn passeert wör, un tolest köm he denn of mit be Spraak rut un schütt mi sien Hart ut. Wenn

7

he wußt harr, datt he dar so'n neeschierigen Zeitungs=
schriewer vör sik harr, denn wör he woll trüggholener
wäsen. — Doch nu will ick em sin Sängerfahrt sülwst
vertellen laten.

*　　*　　*

„Ja, sehn Se, jeder Minsch hett mal'n Dag in sinen
Lewen, wo em wat Minschliches passeeren kann, wo he
den Hewen för'n Dudelsack un en Windmöhl för'n Galgen
ansehn beiht un froh ist, datt he dar nich an uphängt
warb. So güng mi dat vörlenen Jahr up'n tweeten
Pingstdag. Us Kapellmeister, Se wät't jo, be Köster
Holtmann in usen Kerkdörp, harr jüst sinen Geburtsbag,
un nu harren wi us vörnahmen, dat wi em un us mal
en vergnöegten Dag maken wolln. Up minen Vörslag
harrn sick use Sänger Middags in'n Dörpskroog, Se kennt
em jo, insunnen un noch eenen up be Lamp gaten. Un
benn güng bat up'n Lebberwagen, be fein mit Pingstmai
utstaffeert wör, up de Fahrt na'n Kerkdörp. De Weerth
harr us sinen Wagen un sin Spann lehnt, ben ohlen
Brunen, be fröher mal Cavalleriepärd wäsen wör, un
ben grisen Appelschimmel, be all in Bremen vör be Straten=
bahn gahn harr. Ick seet in minen Herrgottsbischrock un min
witte Hochtiebswest up'n Bock un bi mi harr ick en groten
Rükelbusch liggen, ben min Anntrin för bat Geburtsbags=
kind tosammenbunnen harr.

De Fahrt na Langsbörp güng benn ok jo ganz goob
von Statten; be ohlen Pär wören ganz nett to regieren
un maken keenen Versöl, mit us börchtogahn. As wi nu
stolz in bat Kerkdörp rinkutschiren, löpen be Lüe up be
Straten tosamen un be Kinner schreen ut bullen Halse:
„Kiekt ins, kiekt ins, bar kummt be Langsbörper Sing=
verein!“ Use Singstunnen holt wie jo Mibbewekens un
Sönnabens Abens in'n Langsbörper Schoolhuse af. Ganz
Langsbörp wör up be Been un löp achter usen Wagen her.

As wi vör dat Kösterhuus ankömen, stünn ohl Holt=
mann, use Kapellmeister un Geburtsbagskind, mit sin
Ohlsche, den seligen Schoolmester ut Bollenhusen sin
Dochber, vör be Dör. De beiden maken groote Ogen,
as wi nu stillholen dähn. Id stell mi up ben Bock
un mit min Pingstblomen in'r Hand höl id'n grote Rede,
gratuleer ben ohlen Holtmann hartlich to sinen Geburts=
bag un leet em breemal hochlewen, natürlich Allens up
Hochbütsch. Un denn geew id em ben Rükelbusch. Use
leewe Kapellmeister sä keen Wort, he nidkoppte blot un
be Thranen stünnen em in be Ogen. Un ehr he noch
en Woort seggen könn, breih id mi to be Annern üm,
nöhm ben Pietschenstäl verkehrt un geew bat Teeken:
„Paßt up, Kinners, nu geiht bat los.“ Un nu güng
bat mit alle Gewalt: „Dir möcht' ich diese Lieber
weihen ....“ Wieder kömen wi aber vörerst nich, denn
bat ohle Cavalleriepärd güng up eenmal steil in be Luchb
vör Schred. De Brune wör richtig mit us börbrennt,
wenn em be fule Appelschimmel nich bat Webberspell holen
harr un nich en paar handfaste Keerls tosprungen wören
un ben Brunen fastholen harrn. Wenn be Situatschon
of für us en bäten bebenklich wör, so süngen wi boch
vörsichtig un piano bat Leed to Enne.

As wi fertig wören, klopp us Dirigent mit be Stimm=
gabel up bat Wagenrad un höl se denn ant Ohr. „Dat
hewt Ji brav makt, Kinners,“ sä he, „nich mal'n halwen
Ton hewt Ji verspält. Nu kamt aber rünner von'n
Wagen un mit mi in't Huus. Id löw, bar is woll
noch'n Glas Wien för us Alle in'n Keller, nich wahr,
leewe Meta?“

Froo Meta, sin Froo, mak jüst nich bat fründlichste
Gesicht; se stött ehren leewen Mann mit be Ellnbagen in
be Rippen un sä: „Id löw nich, Holtmann, awer id
will glieks mal tosehn!“

Se wät't jo, Herr, be Froonslüb sünd jümmer en
bäten eklig un rachgierig, wenn be Mann mal örnblich

7*

eenen utgewen will. Un be Froo Köstern wör dar of
vör bekannt. Na, man schall jo keenen Minschen wat
Öwels nahseggen.

„Kaamt man rin, Kinners," sä ohl Holtmann, „nu
willt wi mal fibeel wäsen. Up'n paar Bubbel schall mi
bat nich ankamen, un up'n lütten Sluck vörup of nich."
Mibbewiel köm awer Froo Meta ut'n Keller un sä
so ganz bebröwt un schienheilig: „Dar is leiber keen
Drüppen mehr ünnen, leewe Mann! Den Wien möt't
us be Rackers von Jungens utsapen hebben."

„Wat?" sä ohl Holtmann. „Na, bar schöllt be
Bengels morgen ehr richtige Wickse för kriegen." Un
benn greep he in be Tasch un woll sin Froo Geld gewen,
batt se glieks en Anker Wien von Griesmeyer, ben Kramer,
halen laten schöll, be of en Gastweerthschaft bedriewen
beiht. Froo Meta wörr witt as be Kalk an be Wand
un kreeg bat mit bat Bewend. Dat arger mi schänblich,
un wiel ick mi goob vörsehn harr, kreeg ick minen Geld=
bübel rut un sä: „Ne watt! Wenn hier traktirt weern
schall, benn kummt us bat to, Herr Kapellmeister. Jhr
Geburtsbag is bat, ben wi hüte fiern willt. Darüm
keene Feendschaft un keenen Unfreden in'n Huse. Dat
Betahlen laten Se mi besorgen!" Ohl Holtmann maak
en verbreetlich Gesicht, un be Ohlsche sä ganz spitzig:
„Datt is jo mal nett von Se, Meister Studensmebt,
batt Se bat eheliche Glück nich stören willt." Man be
fief Dahler, be ick ehr in be Hand tell, nöhm se boch un
löep foort, üm ben Wien to bestellen.

Heemlich bi mi möß ick lachen, benn ünner be fief
Dahler wör en falschen, wo se mi up'n lesten Schiewen=
scheeten mit ansmeert harrn un ben ick nich weber harr
losweern könnt.

Na korte Tieb köm Fro Meta trügg mit en Loop=
burschen, be en mächtigen Korw mit Wienbubbels brägen
bäh. „Ick schöll en schön Cumpelment von Froo Gries=
meyern bestellen. Ehr Mann wör nich to Hus, un wiel

se den Kellerslötel nich sinnen könn, so harr se hier von Griesmeyern sin Sorte schickt, dat wör en feineren, den he sülwst drinken däh!" Ick dach an minen unsichern Dahler un frei mi, datt ick den so goob los worrn wör. Dat wör Unrecht von mi un schöll mi slecht bekamen.

„Wo geiht dat denn minen ohlen Fründ Griesmeyer," frög ick, „hett he noch ümmer mit sin Buukpien to dohn?"

„Jo, he is noch ümmer 'n bäten unnasch un verbreetlich, aber dat geiht em doch wieb bäter." De Jung güng un ick geew em noch 'n Gruß an de Griesmeyer'sche mit up'n Weg.

„Na, nu kannt losgahn," meen Köster Holtmann, un wi setten us nu in de Schoolstuw dahl. De Köster wink sien Froo, dat se Gläser bringen schöll, awer för veerteihn Mann könn se keen Gläser schaffen. Na, wi müssen us to helpen un maaken eenstimmig mit'nanner af, datt jeder sinen Bubbel kreeg un ganz na sin Möeg drinken könn. Froo Meta kreeg ok ehrn Bubbel, un wiel dat nicks köst, drünk se för twee un wör ehr mit den Wien fertig, as wi Mannslüe.

So seeten wi denn ganz fibeel bät Klock nägen bi'n-anner un drünken un süngen, so goob dat man gahn woll. Ick harr mi bald mit Froo Meta webber verbragen; toleßt drünken wi gar Bröberschaft mit'nanner un use Chor süng darto: „Es braust ein Ruf wie Donnerhall". Nu leeten sick ok use Solosänger hören un dabi wörr dat ümmer later un later. So wör dat richtig Ölwe worn un de Nachtwächter von Langsbörp süng an, de Polizeistünn to tuten. De Lüe, de us lange buten up de Straaten tohört harrn, wörn mibbewiel to Huus gahn, denn be leewe Gewohnheit is, datt man in Langsbörp Klock Teihn to Neest geiht. Us wör dat hüte lifebäl, wi bleewen faste ant Singen, un as wi jüst tom ncegenten ober teihnten Mal dat schöne Leed gröhlen: „Lieb Vaterland magst ruhig sein", da bums dat up eenmal an be Döhr, datt us vör Schreck be tweete

„Wacht" in'r Kählen ståken bleef. Blot Froo Meta harr be Kurasch nich verlaarn, se stünn up un stell sick stramm vör be Döhr, be mit faster Hand un recht unhöflich up= räten wörr.

Nu benken Se sick, wer bar in be Stuw rintrampeln kummt? De Flickschoster Kropp, en grawen Flätangel, be vörmals Feldwebel wesen is un bat bör sin Supen upt lefte richtig to'n Nachtwächter in Langsbörp brocht hett, en Keerl, mit ben ick mal fröher Striet hatt harr un be mi sietdem jüst so slecht verbrägen könn, as ick em. Ehr he mal mit sin grawe Stimm to Woort kamen könn, füng ick nu em to'n Ärger mit minen Baß nochmal be schöne Stäe an to singen, wo wi bi uphört harrn: „Fest steht und treu bie Wacht am Rhein!" Kuum awer harr ick bat bahn, ba sprüng be füensche Keerl up mi los un harr mi an be Gorgel to faten."

„Dat Mul schöllt ji holen mit joe Gröhlerie," schree he, „be Herr Buervagt kann nich slapen bi so'n Spektakel. Dat is Fierabend hier."

Da harrn se awer Froo Meta mit ehr bubbelte Kurasche sehn schöllt!

„Wat will he versapene Keerl hier mit sinen Buer= vagt. De schall sick afmalen laten un wenn he nich slapen kann, schall he sick Boomwull in be Ohren stoppen ober upstahn un sin Papiern un Stüerreklamatschonen nahsehn, damit be armen Lüe sick nich jümmer öwer em bi ben Landrath to beswären bruukt! Versteiht he mi, he ver= sapene Tuneegel von Nachwächter!"

Awer Kropp leet nich los un ick föhl, datt mi be Pust utgahn woll. Da sprüng ick em in minen Arger mit beibe Föet up be Liekboorn. Dat hülp. Kropp brüll wie verrückt, fahr sick mit be Füest na sien breben Klumpföet un wünn sick as'n Worm.

„Smiet't em rut," schree ick in mine Wuth, un up Commando störrten min Sangesbröber up em los, verknuffen em ganz gehörig, smeeten darbi den Disch mitsammt dat Licht un be Bubbels üm un setten den Keerl an de Luchd. Fro Meta steek webber dat Licht an un wi annern riegeln be Finsterladen to un dreihn den Slötel in de Huusdöhr üm.

Kuum harr be rutspedirte Nachtwächter sick webber up= rappelt, so süng he ganz barbarsch an to tuten up sin ohl Hoorn, as wenn ganz Langsbörp an alle veer Ecken brennen däh, un dat duur nich so lange, da süngen se warraftig an, be Störmklock to lüden. Dat ganze Kerk= börp köm up be Been; up be Straten wörr dat en Heiden= spektakel, be Sprütt von be freewillige Füerwehr rassel öwer dat Steenplaster un be Lüe schreen börchenanner: „Wo is dat Füer, wo brenut dat denn eegentlich, Nacht= wächter?" As nu be verrückte Kropp jüm ut be Sake klook maken däh, wörrn be Keerls an'r Sprütten ver= grellt un geewen em so väl Water to sluken, datt he sick winnen däh as en ingeweekten Regenworm. In sin höchste Wuth löp he nu na ben Buervagt, be noch nich mal von ben gräsigen Larm, väl weniger von usen Gesang upwaakt wör, un versöch em ruttotrummeln. De Buer= vagt aber wör ben heelen Namibbag un Abend up en Kinnelbeer wäsen, un so duur dat woll en lütte Stün'n, bät be verrückte Nachtwächter em richtig ut be Febbern trummelt harr.

Wie seeten mibbewiel noch ganz fideel bin'anner, un wenn ok be Wien mit be Tied alle worrn wör, so süngen wi doch noch ümmer lustig wieder, wat dat Tüg holen woll. Up eenmal bums datt webber an be Huusdöhr un be Stimm von Griesmeyer sinen Kramerlehrling schree börch be Nacht: „Maakt apen, üm Gobbeswillen maakt apen, ober ji sünb alle des Dodes!"

„Wat is bar benn nu all webber los?" fräg ick un maak vörsichtig be Döhr apen.

„Och Gott, och Gott! Is bat en Geschichte!" stöhn be Jung un wisch sick ben Sweet von't Gesicht. „Och

Gott, och Gott! Un all ben Wien hewt se all utbrunken.
O ic unglückliche Minsch!"

„Unglücksjung," schree Fro Meta. „In ben Wien
wör boch woll keen Gift in?"

Us stünnen be Haar to Barge. „Gift, Gift," schreen
wi alle börchenanner! „Och Gott, och Gott!" Froo
Meta füll binah in Amibam un wi annern wüssen nich,
wat wi in'n ersten Schreck anfangen schölln.

„Ja, ich spüre es im Leibe, Gift, Gift!" röp ok
ohl Köster Holtmann un füng vör Angst an, hochbütsch
to spräken.

„Ic ok, ic ok," schree nu Alles börchenanner. Na,
mi wörr ok ganz wunnerlich in'n Magen un ick mark
woll, batt bar binnen nich alles richtig wör. „Du gräsige
Bengel Du, wat hest Du för'n Unheil anricht't! Rut
mit be Spraak, is bat Gift to'n Starwen?"

„Och nee, Meister Stuckensmedt," huul be Jung, „so
leeg is bat benn boch nich! Och Gott, ic bin bar jo
so unschüllig an as'n neegeboren Kind. De Wien, ben
ic se brocht hew, is'n ganz schönen Wien, man Gries=
meyer, se kennt em jo, hett ümmer mit'n Magen to bohn
un för sic ben Wien mit'n starken „Wiener Drank"
upgaten. Nu is he eben nah Huus kamen, un as sin Froo
em vertell, batt se ben Wien verköfft harr, wörr he ganz
bös, un ic möß foorts röwer lopen, üm be Bubbels
webbertohalen. Wenn se em awer all utbrunken harrn,
jä he, benn mössen se em noch fief Dahler nahbetahlen,
benn he harr em sülwst mehr Geld köst't"·

„Den Cujon von Griesmeyer mit sinen Wiener Drank
schall be Düwel halen! Maak batt Du wegkummst
Junge, süs bin ic kumpabel, mi an'n unschülligen Minschen
to vergriepen," schree ic, un be Jung verfier sic nich
slecht un maak, batt he ut'n Huse köm. Wat bat awer
ünner us för'n Stöhnen un Jammern un Lopen an be
frische Luft geew, bat könnt Se sic woll benken!

Na, wät't Se, dreemal iz Bremer Recht! As wi us jüst en bäten webber verhaalt harrn, da güng up eenmal dat leidige Kloppen an de Döhr to'n drütten Mal los. „Wer iz dar?" röp Froo Meta.

„Makt apen, in'n Namen des Gesetzes un der hochigten Obrigkeit," schree Kropp, de verdammte Nachwächter. „Wi willt jo alle inarretiren!"

Froo Meta steek sachte den Kopp bör dat Finster un tröck em glicks webber trügg. „Pst!" sä se, „de ver= slixte Kropp mit den Schanbarm un den Buervagt staht vör be Döhr." Wi kreegen nu doch en Schreck un wörrn witt as de Kalk an be Wand.

„Maken Se up, Froo Köstern," schreen be dar buten. „Se schall nicks passeeren, blot de entsamten Keerls willt wi bistäken, wiel se grawen Spektakel, Beamtenprügelee un Falschmünzeree bedräwen hewt!" De dat röp, dat wör de Buervagt, den ick an sin hoge Stimm kennen däh. Mi wörr heet unb koolb, de Schreck wör mi up eenmal ut'n Magen in be Been fahren, dat mi be Böcksen bewen däh, un ick nich wüß, wat ick anfangen schöll. Blot Froo Meta bleew bi beste Kurasche, reet dat Finster up un krisch: „Wat? Wat sä be Buervagt? Faschmünzeree?"

„Jawoll," schimp Kropp. „Se hewt Griesmeyern för den Wien falsche Dahlers gewen; een darvon liggt all bi usen Herrn Buervagt. De ganze Manns= gesangsböselee iz man Bedrog, be Keerls hewt hier blot to nachtslapen Tied falsche Dahlers maakt. Awer wi willt jo entsamigtet Pack woll kriegen!"

„Gotts Dunnerwär," röp ick, „Froo Meta, nu iz't Tied, nu möt't wi sehn, wo wi ut den Dreck webber rut kaamt!" stöhn ick un dach an minen falschen Dahler.

„Och," sä Fro Meta, „dat iz en Streich von den schäwigen Griesmeyer, de sick ärgert, datt wi em nich noch be siew Dahler öwerher betahlt hewt," un bums klapp se Finster und Finsterladen wedder to. Von buten awer füngen se nu an to bumssen un to kloppen, datt us dat grön un gäel wörr vör de Ogen.

„Min leewe Holtmann," sä Froo Meta, „nu ward dat awer Tied! Sliekt jo alle in be Spieskamer ünnen up de Dähl un makt Jo dünne, dar up de Eck is dat düster, un denn sliekt Ji öwer dat Feld weg, süs sünd Ji verlaarn. Dat Finster steiht apen. Awer ümmer links springen, süs geiht dat scheew. Wenn Ji alle weg sünd, denn laat jüm man kamen. An büssen Utweg denkt keen Buervagt un keen Nachwächter. Nahstens will ick woll alleen mit de Keerls fertig weern!"

Se dräng us öwer de dunkle Dähl in be Spieskamer, un nu klattern min Frünne een nan'n annern ut'n Finster un löpen öwer dat Feld davon. Upt letzte köm ok an mi de Reeg, un mi wörr dat, wiel ick en bäten breet un rund bin, jüst nich licht, ut dat Finster to kamen. Ick quetsch mi aber doch bar dör un sprüng, awer nich links, sünnern rechts, un quatsch; seet ick in de Meßkuhl.

Ick kreeg en gräsigen Schreck. Wör ick man still wäsen, denn harr ick mi dar licht rutrappeln könnt, un wör mit min Lüe sicher na Huus kamen. Man ick meen, ick möß in den scheußlichen Drank versupen un füng schändlich an to brüllen.

Na, dat harr noch fehlt! De verdammten Minschen= quälers kömen üm be Eck un min argste Fiend, Krischan Kropp, be Nachwächter, kreeg mi bi de Flünk un tröck mi up dat Dröge. „Ick hew em, den slimmsten Keerl von de Sellschup," röp he. Un nu kömen ok be Schan= darm un be Buervagt ran, kreegen mi bi'n Kant= haken un tarren mi in dat Dörpsgefängniß, in dat Sprüttenhus.

Och, du leewe Gott! Dar leeg ick nu, wie ick man so ut den Mutt kamen wör, un mi beschien nich Maand noch Sünn. Harr ick man en Strick un den Haken darto hatt, so harr ick mi uphängt, un wenn ick en Mest hatt har, denn harr ick mi den Hals afffnäen. Blot min Fründ Kropp, de vör de Döhr Wache höll, köm alle Stünnen rin un geew mi den söten Trost: „Na, Herr Stuckensmedt, Se kaamt in't Tuchthuus, in't Tuchthuus kaamt Se," un darbi lach' de Keerl as en gleinigen Düwel.

So'ne Nacht, ick segg Se, so'ne Nacht hew ick in minen ganzen Lewen nich hatt, dat könnt Se mi glöwen. Na, tolest wörr dat Dag un de Döhr güng up un vör mi stünn Buervagt Brammer. He keek mi von ünnen bet baben an un höel sick de Näes to, wiel ick noch ümmer in minen Sönndagsanzug stäken däh, mit den ick in de Kuhl sprungen wör. „Meister Stuckensmedt," sä he, „dat is en böse Geschicht. Wo könnt Se up ehre ohlen Dage noch so'ne Streiche maken. Ick hew Allens ünner= söcht un ehre Mitsingers ward woll mit en lütte Geld= strafe davon kamen. Se hewt awer nich blot den ganzen Spektakel anfungen, se hewt ok sick an'n königlich preiß= schen Beamten, an den Nachwächter Kropp vergräpen. Mit be Falschmünzeree hett sick nicks besonners rutstellt, un ick will Se nich fragen, wo se den falschen Dahler herkrägen hewt. Awer üm Gotteswillen, maken Se mi so'ne Geschichten nich wedder."

Wat schöll ick maken, ick huul in minen Arger un in min Angst as son'n Hofhund, de dree Dage nicks to fräten krägen hett.

„Na, Meister Stuckensmedt, nu rohren Se man nich so, ick weet jo, datt Se süs en ehrlichen Keerl sünd. Se sünd jo ok noch mit'n blauen Oge davon kamen. Nu gahn Se man na Huus un nehmen sick sübberhen in Acht."

Un sehn Se, min beste Herr, da hew ick mi denn na Huus släken un in veerteihn Dagen hew ick mi vör keenen Minschen sehn laten möcht. Den tweeten

Pingstbag von 1893, den hew ick mi awer in'n Klenner roth ansträken. Un nu könnt Se sick denken, datt ick mit so'ne Sängerfahrt nicks mehr in'n Sinn hew. Ick meen, dat kann mi so licht keen Minsch öwel nehmen!" —

De Tog höel in'n Bahnhoff. As wi utsteegen, geew ick minen ohlen Fründ de Hand un sä mit en Gesicht, so eernsthaft, as ick dat man maken könn: „Dar hewt Se Recht, Meister Stuckensmedt! Up Weddersehn!"

De Nothdöep.

De ohle brawe Paſter Roth
Verdaude jüſt ſin Abendbrod
Bi eene bögde Piepen Knaſter —
Da bums dat buten an de Döhr.
„He, Fieken, kiek doch ins mal nut
Un lat den ohlen Köter rin,
Un giw em eenen an de Snut,
Un ſegg em, he ſchöll ruhig ſien!“ —
„Den Hund?“ ſeggt Fieken. „Nee, Herr Paſter,
Dar ſteiht gewiß en Minſch davör!“ —
„So lat em rin!“

    Ohl Fieken ſkarrt
Verdreetlich nut; de Döhr de knarrt,
Un in de Stuw mit faſten Schritt
Hannjochen Kath ut Imdörp tritt.
„Go'n Abend!“ — „Uk ſo, min leewe Kath,
Se kaamt jo hüt noch baunig lat!
Wat bringt denn Se noch to mi her
Bi büſſen Störm un bullen Wäer?“

   Ohl Jochen ſteiht erſt ſtiew in'n En'n
Un dreiht ſin Mützen mank de Hänn'n,
Kiekt erſt den Paſter an, denn Fieken,
De jüſt kümmt in de Döhr rinſlieken,
Un ſtöhnt un ſeggt: „Dat is gewiß,
Dat is un bliwt ſo as dat is!
Min Froo is jüſt in'n Wäken kamen,
Un da de Göern man ſien un ſwack,

So hew ick glieks min Mützen nahmen
Un bin to Se heröwerloopen.
Se schöll'n be Lütten hüt noch boopen!"

„Bi so en Wäer? Wat's dat förn Snack,"
Schanfuttert Fieken. — „Ruhig, Deern,"
Seggt us ohl brawe Paster Roth,
„Laat mi dat nich noch eenmal hör'n,
Dat hannelt sick üm Lew'n un Dood!"
He nöhm den Koorrock ut'n Schrank
Un sett sien körte Piep in'n Gang,
Un denn güng't los — us Paster böer,
Un Jochen slurig achterher.
Bald güng he stramm, bald bleew he stahn,
As woll he ganz in Truur vergahn.
Den Paster duurt de arme Mann,
He dreiht sick üm un spricks em an:
„Man nich so trurig, leewe Kath,
Us Herrgott weet för Allens Rath,
Un will he sinen Segen gewen,
So bliewt be Göern ok woll an'n Leben!"

„Ja," stöhnt ohl Jochen, „dat's gewiß,
Dat is un bliwt so as bat is!
Man bliewt be Gören all an'n Lewen.
Denn hölt bat boch en bäten swar
Jüm all bat bäglik Brod to gewen!
Ja, bleew bat noch bi so en Paar; —
Doch erst köm een, denn Nummer twee,
Un as ick weggüng, wören't bree —
Un is min Froo bar so bi bläwen,
Denn sünd bat nu gewiß all säben!" —

Im Verlage von **Carl Schünemann, Bremen,**
sind ferner erschienen:

Gedichte von **August Freudenthal.** 2. vermehrte Auflage. 280 Seiten 8°. — In hochelegantem Salonband mit Goldschnitt: Preis ℳ 5.—.

Die Heide. Stimmungs- und Lebensbilder in Dichtungen, gesammelt von **August Freudenthal.** Mit vielen bislang ungedruckten Beiträgen lebender Dichter. 276 Seiten Groß-8°. — In hochelegantem Originalband mit Goldschnitt: Preis ℳ 6.—.

Aus Niedersachsen I. Schilderungen, Erzählungen, Sagen und Dichtungen in hochdeutscher und niedersächsischer Mundart. Gesammelt von **August Freudenthal.** 384 Seiten Groß-8°. Mit dem Bildniß des Verfassers. — Brosch. ℳ 3.—, in elegantem Leinenband ℳ 4.—.

Aus Niedersachsen II. Schilderungen, Erzählungen 2c. Gesammelt von **August Freudenthal.** Mit vier ganzseitigen Illustrationen. Umfang, Ausstattung und Preis wie bei „Aus Niedersachsen I."